企投家思维解码

ANALYZE THE INVESTMENT THINKING
OF ENTREPRENEURS

沈兴鹏 著

中国铁道出版社有限公司
CHINA RAILWAY PUBLISHING HOUSE CO., LTD.

图书在版编目（CIP）数据

企投家思维解码/沈兴鹏著. —北京：中国铁道出版社
有限公司，2022.6 （2022.11 重印）

ISBN 978-7-113-28837-2

Ⅰ.①企… Ⅱ.①沈… Ⅲ.①企业-投资-研究-中国
Ⅳ.①F279.23

中国版本图书馆 CIP 数据核字（2022）第 022460 号

书　　名：企投家思维解码
　　　　　QITOUJIA SIWEI JIEMA
作　　者：沈兴鹏

责任编辑：马慧君　　编辑部电话：（010）51873005　　投稿邮箱：zzmhj1030@163.com
封面设计：罗志斌
美术编辑：刘　莎
责任校对：苗　丹
责任印制：赵星辰

出版发行：中国铁道出版社有限公司（100054，北京市西城区右安门西街 8 号）
网　　址：http://www.tdpress.com
印　　刷：北京富资园科技发展有限公司
版　　次：2022 年 6 月第 1 版　2022 年 11 月第 2 次印刷
开　　本：710 mm×1 000 mm 1/16　印张：15　字数：187 千
书　　号：ISBN 978-7-113-28837-2
定　　价：68.00 元

前 言

　　十几年前，当年我们团队做宏观经济研究的时候就得出一个结论：10 年之后，中国的民营实体经济会复苏，中国的多层次资本市场会发展，中国会通过资本市场的力量来大力支持实体经济的发展。

　　2020 年 3 月 1 日，新修订的《中华人民共和国证券法》实施，其中规定，在我国全面推行证券发行注册制。

　　2021 年 11 月 15 日，北交所正式开市。北交所是由新三板市场深化改革而来，遵循先存量市场改革，后增量改革的逻辑。北交所将与上交所、深交所差异互补、良性竞争，旨在为创新型中小企业打通直接融资渠道，让广大的投资者拥有投资、参与、分享创新型中小企业快速成长的红利。

北交所的设立意味着中国的中小民营实体企业上市迎来了真正意义上的春天，也意味着中小民营实体企业的股权投融资市场在未来将会异常火爆。未来召唤既懂得做企业的企业家，又懂得投资的投资家，而二者合而为一就是我们这本书所重点讲的企投家。企投家将是未来5～10年改革红利的受益者，也会成为改革大潮的弄潮儿。

我认为未来将是一个"大众创业、大众投资、大众富裕"的时代，时代的洪流滚滚而来，我们应该迎面赶上。

唯有让更多的人去尝试创业，更多的人去投资实体经济，让更多的实体企业去上市，才能让更多的人获得资本市场的回报，迈向未来的中产阶层。

未来更多的中产阶层身上都有一个标签，那就是"企投家"，企投家的概念也是顺应这一潮流而提出来的。愿更多的人成为企投家，为国为民多作贡献。

越来越多企投家的出现，有利于经济的发展。在经济发展的进程中，我们有幸参与，无比荣幸，同时也希望通过小我之力，为中国资本市场的发展以及实体经济的复苏作出我们的一点贡献。

沈兴鹏

2021 年 10 月 5 日于北京

目 录

引言 / 1

第1章

构筑企投世界观

1.1 两栖多面:做好了企业以后,还能做
什么 / 7

1.2 水深鱼大:未来十年中国企业家的机遇
在哪里 / 11

1.3 思维天窗:资本是洪水猛兽,还是
魔术棒 / 18

1.4 产融混业:实体企业和金融行业交融 / 25

第2章

上市的路线图

2.1 千里之行:伟大的成就来自一个动念 / 38

2.2 股权激励:开启企业成长的核裂变 / 40

2.3 不忘初心:万里长征的执念 / 45

第3章

鲲鹏"三体"模型

3.1 总起篇:事、人、心三位一体 / 51

3.2 成事篇:成大事者,以识为主 / 54

3.3 驭人篇:管理、团队、股权、机制 / 76

3.4 安心篇:以心为本,敬天爱人 / 84

第4章

企投家的突围

4.1 顶点:思维架构 / 95

4.2 深耕:企业家突围之法 / 106

4.3 升级:企投家突围之法 / 122

第5章

投资五大铁律

5.1 硬币永远有两面:投资有风险,入市需谨慎 / 139

5.2 关键的关键:找对的人,投对的事 / 150

5.3 管理好仓位:再喜欢,最多投 30% / 155

5.4 知止而有得:退出最好方式是 50% / 163

5.5 最好的投资:投资他人,投资自己 / 176

第6章

投资的思维框架

6.1 看透人:怎么找到对的人 / 187

6.2 看心态:怎么调整心态 / 192

6.3 看节奏:怎么把握入场的时机 / 197

6.4 看懂事:怎么看懂商业逻辑 / 203

6.5 看风口:怎么选准赛道 / 217

后记 / 231

引言

为应对未来十年的机遇和挑战,帮助企投家在未来的资本市场解决投融资难题,实现上市的梦想,本书从六个理论层面系统阐述了如何构建企投家的思维架构。

现在是一个做企业、做投资的两栖时代。企业家首先要了解的是时代的发展趋势。本书第 1 章,从企业出发,讲述了未来十年的发展趋势。在资本涌入市场的趋势下,企业要面对无数的挑战和机遇。资本的到来对企业而言不是灾祸,而是不可错过的好时机。现今,实体企业和金融行业的融合不再少见,已经是一个时代性的现象。拥抱资本市场,是企业家要迈出的第一步。

所谓万事万物都有规律可循,企业上市也不例外。上市公司是设计出来的,而投资则需要围绕着上市公司。本书第 2 章,详细阐述了企业上市的路线图。投资讲求"募投管退",企业上市也要经过四个发展阶段:起心动念、构建上市路线图、坚持不懈和上市敲钟。企业上市的核心之一在于起心动念,企业家在了解了上市门槛之后,就要开始为企业上市做准备,即按照上市路线图一步步实现目标。同时,上市的成功也离不开企业团队的合作,因此,为推动企业的成长,"股权激励"应运而生。企业上市的方法有了,剩下的只有坚持,坚持是走向成功的唯一道路。

企业转型升级离不开一个系统的思维架构,投资也同样需要一套系统的方法来辅助。而鲲鹏"三体"模型就是企投家思维架构浓缩而成的。本书第3章详细介绍了鲲鹏"三体"模型,即分别介绍了"事""人""心"三个不同层面。而每个层面又是由许多不同系统架构组成的,通过对成事、驭人、安心三个维度的解读,让企业家对投资和企业上市有一个系统的理解。

本书第4章讲述了企投家现今的困境,以及困境的突围之法。从思维架构体系入手,企业家从商业模式、资本模式、战略模式、产品模式和营销模式五个系统架构来实现突围;而企投家则应从投资逻辑、企业核心和实践三方面来寻求突破。

投资有方法,更有五大铁律。本书第5章着重阐述投资的五大铁律以及相关的实际案例。第6章则表述了投资的思维框架。第5章与第6章虽然都是在讲投资,但实质并不相同。

第6章的重点在于讲方法,通过对人、心态、节奏、事和风口这五个方面的延伸,对投资者如何投资有一定引导。而第5章的投资五大铁律则侧重如何让投资者规避大部分的风险。

本书旨在通过理论知识体系架构的讲解,阐明企投家应有的思维架构体系,让企投家能在企业转型升级和投资时有方向可循,有方法可依。

第一章

01

构筑企投世界观

未来的简单公式：企业家+投资家=企投家。

企业家是立志于未来能做一家上市公司的人。投资家是立志于投资上市公司的早期股权，希望未来能获得巨大收益的人。企投家就是这两者相结合的产物，是更高段位的存在，未来的时代属于企投家。

14 世纪以来，地中海沿岸国家频繁进行商品交换；16—18 世纪中期，资本主义发展日益蓬勃。随着地理大发现，国力较为强大的国家开始进行殖民地的开拓，成为世界经济出现国际分工的开端。

18 世纪中期，欧洲发达资本国家先后完成了产业革命，同时机器的发明不断迭代更新，并得到了广泛运用，国内的生产和市场已经没有办法满足发展的需求。因此，部分发达资本国家开始寻找海外的销售市场，大力拓展原料和生活资料的来源，交通运输业由此得以大力发展。由于国际经济的交流日渐繁荣，世界经济格局也悄然发生改变，由各国自给自足到小范围国际经济交流，再到之后的发达资本国家向落后国家倾销工业品，落后国家沦为发达资本国家原料、粮食和劳动力的来源地。

19 世纪下半期，电的发明极大地促进了生产力的发展。大型工业逐渐兴起，交通运输的发展把国际经济更加紧密地联系在一起。垄断加速了生产的扩张和资本的积累。工业垄断的资本与银行垄断的资本相结合，资本主义国家开始争夺世界市场，并开始为殖民地而战。结果，资本主义国家的垄断经济、殖民地国家的经济，形成了新的世界经济结构。

20 世纪以后，社会主义经济逐步兴起。俄国的十月革命，打破了世界经济的原有结构，一些社会主义和民族独立国家的出现，发达资本主义国家经济的逐渐形成，使得发达资本主义国家经济与社会主义国家经济共存。

新兴科技大大推动了发达资本主义国家的社会生产力,垄断资本主义达到极高的程度。虽然在 20 世纪五六十年代,资本主义经济得到了快速增长,但是经济发展出现了滞胀,即"停滞膨胀"。资本主义国家之间,实力也在逐步拉开。原本美国在战后初期的一家独大,在 20 世纪 70 年代后,各资本主义国家之间大量的贸易战和投资战暴发,逐步演变成了美国、西欧和日本三足鼎立的格局。

长期遭受殖民统治和掠夺,社会生产力水平十分低下的新兴民族独立国家,虽然能依据各自的优势发展经济,但是在全面发展民族经济方面仍存在许多难题,如债务问题。为此,这些民族独立国家之间不得不通过经济发展的战略和政策调整,加强彼此之间的合作,甚至同发达国家建立经济联系,希望通过"南南合作"和"南北对话"来建立起新的国际经济秩序。

对社会主义国家而言,除了发展本国的经济,还要与发展中国家、资本主义国家加强经济联系,积极参与世界经济事务。

世界各国经济的发展和国际化,对经济一体化的形成有一定的影响,例如,构成当前世界经济的欧洲共同体、美国和加拿大自由贸易区等。实际上,世界经济是国际分工、生产国际化和资本国际化的产物。

1.1　两栖多面：做好了企业以后，还能做什么

我们应该庆幸，庆幸生在这个年代。我们更应该庆幸，我们所处的这个时代，既能做企业，也能做资本。

1.1.1　传统企业家

企业家一词是由法语中 entrepreneur 借鉴而来的，原本指的是事业的经营者或企业者，需要承担事业的风险。一般来说，企业家分为两类：在现代企业中，作为企业的所有者，他们从事着企业的经营与管理工作；而另一类则是职业经理人，他们受雇于企业所有者。虽然职业经理人也称之为职业企业家，但是在大多数情况下，企业家一般指的是第一种类型：企业所有者。

18 世纪，经济学家康蒂永·R 是第一个将企业家与在经济行为中可能需要承担风险联系起来的人。而法国另一经济学家也曾说过，企业家不仅是企业成长、盈利的原动力，同时也能为企业带来创造性的变革。这也是现代企业家精神的内涵之一，开放且与实际相结合的创新精神。创新的本质，并非优化已经做好的事情，而是做不同的事情。创新是灵魂，当一个企业的灵魂消失，发展必定不能长久。

作为世界最强的个人消费电子公司,苹果公司与谷歌、微软同时霸占着美国科技巨头的位置,而苹果公司更是多年占据第一巨头的宝座。2007 年,第一台苹果手机 iPhone 问世,迅速成为世界最热销的通信电子设备,开创了苹果手机的时代。在 2011 年,苹果公司成为美国上市公司市值的第一名。而这都要归功于苹果公司的创始人——乔布斯,他不仅重新定义了智能手机,同时是全球智能手机的领头羊,引领着全球移动设备发展之路。苹果公司无疑是成功的,尽管在巅峰时期失去了灵魂人物乔布斯,但是在其余韵之下,依旧在之后十年连续稳居世界第一。而随着我国的科技发展,我们在智能移动设备,AI 智能领域以及大数据时代逐渐崭露头角。

1.1.2 新时代企业家:两栖多面

现今,中国已经慢慢从产业商所有者时代,急速向产融商所有者时代演变,企业面临的新挑战和新机遇。如何在资本方面对公司进行证券化,如何重新认识和理解实体企业,以及如何通过融资和投资促进财富增长,这是新企业家需要学习的知识。同时,扮演企业家和投资家两个角色相结合的"企投家"诞生了。

未来的简单公式:企业家+投资人=企投家。

企业家,是立志于未来能做一家上市公司的人。而投资家,是立志于未来投资上市公司的早期股权,希望在未来能获得巨额回报的人。企投家,是这二者相结合的产物,是更高段位的存在。

企业家 ➕ 投资家 ＝ 企投家

企业的终极归属地是上市公司,每个人都应该参与股权投资。因为上市改变行业的游戏规则,而投资则是职业生涯的最顶端,未来的时代属于"企投家"。

世界第一 CEO 杰克·韦尔奇,不仅创造了将公司市值增长近 30 倍的奇迹,还创办了 GE 克劳顿管理学院,学院更是诞生了将近 140 位世界五百强 CEO。海尔公司 CEO 张瑞敏曾专门到美国向杰克·韦尔奇请教,回来后,海尔公司巨变,成为世界家电第一品牌。

职业生涯的顶端是高盛,是摩根士丹利,是洛克菲勒、罗斯柴尔德、黑石等世界顶级的投资资本机构。通过投资上市公司退出获利,100 万元变 1 亿元,这就是资本"钱生钱"的方式。因此,投资是职业生涯的最顶端。

从中国经济发展现状可以探知,投资在经济发展中,占据着不可或缺的重要角色,不仅与经济发展密不可分,更是促进经济发展的动力之一。

企投家一方面在实体产业当中迭代发展,同时又在资本主义市场中实现财富增值,作为新型成功者,很难不引起大众的关注。

孙正义是典型的企投家。他的软银帝国横跨电信和银行业等有形实体产业,通过投资雅虎和阿里巴巴等企业,获得了丰厚的投资回报。

而美国的硅谷,许多科技创新者都是典型的企投家。如马斯克创立了贝宝(PayPal)和特斯拉(Tesla),同时,他还将基金投资于人工智能和医药等领域;彼得·泰尔参与了 PayPal 的创立工作,并且还是 Facebook 和 LinkedIn 的早期投资者,并投资了许多位于硅谷的顶级公司,如 SpaceX、Yelp、RoboteX、Quora 和 Spotify 等。

作为企业家,联想的倪光南是成功的,作为投资家,他无疑创造了辉煌。

此外,金山词霸和小米科技的创始人雷军,在凡客诚品、卓越网、

UC 优视、欢聚时代、拉卡拉和好大夫等多达上百家的创新型公司都有投资的身影,是中国最早的天使投资人之一。

创业、投资两手抓,他们的共同特点是将实体企业管理的智慧融入风险投资,这也是指数级增加财富的途径。他们的经营智慧代表着未来商业发展的潮流。

1.2 水深鱼大：未来十年中国企业家的机遇在哪里

有些人会发觉，近些年的生意是越来越难做，投入大、利润低、回款难。但是难做也许是暂时的，也可能是长久的。为什么？因为做生意需要找到顺应时势的方法，如果没有找到相应的问题，没有顺应解决的办法，好生意也是难做的。

找到和时势对应的方法，就能拨云见日，柳暗花明。

1.2.1 时代变迁，是新基建的十年

经济基础决定上层建筑。改革开放，就是国家经济的重大转折。与资本主义国家不同，我国从国情出发，建设中国特色社会主义市场经济。实现民主政治，先进文化，和谐社会，生态文明，促进社会的普遍发展，建设一个和谐、美丽、富强、民主、文明的社会主义国家。

以公有制为主体、多种所有制经济共同发展，是我国社会主义初级阶段的一项基本经济制度。这项经济制度对公有制经济进行巩固和发展，对非公有制经济实施支持和引导。同时，我国也积极参与经济全球化和对外开放，合理利用国际和国内市场以及资源，促进经济发展。因此，改革开放 40 多年来，我国的经济发展突飞猛进。随着互联网时代

的兴起,我国经济结构发生改变,数字时代已经来临。而在这几年中,一批互联网企业的崛起,不仅使人们生活中的方方面面发生了变化,也推动了新兴企业的发展。随着2022年经济的发展,未来新十年的大门即将开启。

未来十年将会是谁的时代?这是谁也无法回答的。在时代发展的洪流中,谁都想占据一席之地,而成功的企业,往往是能紧随时代潮流的,这就要求企业家有极其敏锐的洞察力和前瞻性。

太平洋建设的严介和,他的第一桶金,是接的一个基建工程。南京河流众多,许多高速公路要横跨河流,因此需要在桥下建排水涵洞。1992年,严介和刚起家创业就租下了一家即将破产的建筑公司,与此同时,他接到了一项已经被承包商反复转包了5次的工程,就是建造外城环绕高速公路桥下的涵洞。当时的他,在初步测算后了解到,接手这个工程,最起码亏损5万元,而彼时他全部的身家也只有50万元。如果要做,就要把价格压低,几乎没人敢承包的这个工程,他该不该接?

严介和说,就是把全部身家都压上去,也要做。在建筑业这个复杂的行业里,刚刚开始的他只能接到这样的项目。因此,他的第一单工程,从亏本开始,不仅不挣钱,甚至还要赔上一半的身价。严介和做了,而且还保质保量地做,快速完成,快速交付。当南京市副市长来检验工作时,他发现这个工程不仅做得又快又好,更是知道了严介和赔了8万元来完成这个项目的,立即又推荐了他8 000万元的工程项目。因为他看到了严介和身上不一般的格局。在此之后十多年内,严介和几乎参与了江苏所有重大的项目建设。

当初,严介和真这么大胆吗?其实,他早就看清基建是个趋势,胜算很高,他看似胆大,实则心细。企投家,就是要有冒险的精神,更要紧跟时势。

未来十年,不再是旧基建的十年,而是新基建的十年。

　　跟严介和的时代不同，跟马化腾的时代也不一样，未来十年，乾坤未定，我们皆是黑马。

　　未来不是一个终点，而是由无数个"点"组成的。这个"点"是发散性的，时间、空间，或实际具象都不能定义。而我们现在应以时间为轴，十年为期，来确定我们未来的"点"是什么，又应如何前进。

1.2.2　未来十年的标签：资本

　　如果要给未来的十年定义一个标签，非"资本"莫属。

　　在中国，广大民众真正开始接触资本应该是从 2014 年开始的，当时，资本发展仍处于萌芽阶段，投资、融资或者是资本运作还没有完全兴起。大多数人还没有真正了解资本，或者融入资本，也不曾与资本做亲密接触。

　　五六年时间过去，到了 2020 年。在这一年，由于新冠肺炎疫情的突袭而至，不仅人们的生活受到极大影响，宏观经济也承受了很大的压力。从某种意义上来说，这是在倒逼着中国的资本市场去成长。

　　中国未来的十年，是激荡的十年。

　　在这个时代，资本不再是听过的一个词，资本将成为这个时代的核心主题。

　　无论是企业或是家庭，不管是工作，还是对于事业的规划，都将围绕着资本进行。有些人会认为，企业上市、融资离我们太远，不甚现实。但这只是以前的"老旧"思维，我们不能以老眼光看未来。我们要看清未来的发展时势，才能看清未来的世界。经济的发展要结合国家的实际情况，企业的发展离不了顺应时势发展。

　　资本其实并不高大上，当它不与时代相结合的时候，当它还不是时代趋势的时候，我们会感觉到它的遥远。而当我们走进时代，作为一名企业家，作为一名未来想投资的投资人，资本已经成为我们必须要密切关注的一件事。资本对于我们来说，已经是空气和水一样的存在。

离开了空气和水，我们还能生存吗？答案是否定的。

因此，当我们早一点了解这一内涵，我们也能早一点获得收益。

同时，这不仅代表了我们对于未来的洞察，也代表了我们对时势的把控，甚至代表着我们对未来十年改革红利的攫取。

我们能否让这个改革红利握在自己手中呢？我们不能受限于过去和现在的思维，而是主动拥抱资本，力争在新时代中开拓出自己的一片天空。

1.2.3　未来十年，水深鱼大

水深，指的是资本，来自全世界的资本非常多，简单来说，未来将会有大量来自全世界的钱涌入中国市场。而这水养什么？养的是中国市场上，未来有望长成大鱼的小鱼、中鱼，以及还没有成为鱼的小虾，也就是国内各类中小企业。

企业经营的实质是现金流。营业额和净利润虽然重要，但无法表现出一个企业最真实的情况。这二者的报表，可能会因为某些问题，影响其真实性。当企业出现库存，应收账款无法收回，而应收账款计提坏账也会体现在企业的净利润上，影响对企业实际经营状况的了解。

蒙牛作为一家上市公司，营业额千亿元，在某一年年终报告时，年净利润显示负 3 亿元。这一结果导致二级市场恐慌，蒙牛公司股票的持有者纷纷抛售。蒙牛公司确实亏损了吗？其实不然。当年为了激励公司的核心骨干员工，蒙牛公司决定以极低的价格给核心骨干员工做股权激励，但因为与公共价值有差别，中间计提了一笔股份支付，股权支付的部分又在净利润中被减去，所以导致公司年净利润为负 3 亿元。事实上蒙牛公司的正向盈利是 7 亿元。这说明，无论是营业额或是净利润，都无法展现一个企业的真实经营状况，只有现金流可以。

现金流犹如人身体中的血液，即使企业中其他指标做得不好，只要一直保持着充足的现金流，未来也可以走向辉煌。

因此，企业最重要的，是守住现金流。

在现金流问题中，日本企业对于现金流的核心把握是十分强大的。日本的上市企业并不多，世界 500 强的企业更是少之又少，但日本的企业多数存活时间较长。日本人与国人普遍的现金流储备观念不同，国人一般储备够 1～2 年的现金流，剩余部分现金则会用于其他方面，比如，投资购买土地和厂房。而日本企业一般会储备足够 3～5 年的现金流，即使 3～5 年内企业毫无利润，企业也能正常存活。这也是在新冠肺炎疫情防控期间，很多没有储备足够现金流的大小企业只能面临破产和倒闭的根本原因。

资本经营，就是钱的流动。我称为"双流"，也叫"钱生钱"之法。

以前，大家有钱时都会选择将钱存入银行。如今，银行利息一直在降，央行在 2020 年 3 月实行了"降息降准"的政策，通过降低准备金率，下调基础存款利率以调控市场。美国银行现在实行的是零利率，而日本已经降到负利率的程度，银行存款不仅没有利息可赚，可能还要收取存款人"银行保管费"。所以资金存银行，流动性差，钱无法生钱，也只是"一潭死水"。

房地产投资，是现金流最好的例子。房子是具有投资价值的。香港早期炒卖楼花，它的商业模式是投资商买地，还没开始动工盖楼时，就开始炒卖楼花，再利用卖楼花回笼的资金继续买地，炒卖楼花。而内陆沿海地区的房地产也是同样的商业模式。但房地产现在产能过剩，没有当初 5 倍，甚至 10 倍的利润回报了，犹如 20 世纪八九十年代，煤矿、铁矿等能源经济的投资价值，每况愈下，暴利不复存在。

中国现在大概有 4 000 多万家民营实体企业，占中国企业数量的 90％以上。而这 90％的企业，可以说对未来中国宏观经济的发展有重要作用。因此，国家也在大力扶持中小民营实体企业的发展，相继出台了一系列有针对性的优惠政策。

而未来 10 年，随着大量资本涌入，新兴市场不断涌现。我们要走"钱生钱"的道路，只有拥抱资本，理解资本的游戏规则，才能在资本市场中占得先机。

人从出生开始，就在与时间赛跑。从出生到成年的 18 年，我们才开始懵懂地面对这个世界。当我们开始与社会打交道，有了一定的生活积累之后，认知的萌芽迸发，25 岁的我们正式开启了人生重要的三个十年。不是由生到死经历的那些十年，而是人生的三个黄金十年，把握住其中一个，人生才算不有所缺憾。这三个十年犹如花期，虽然昙花一现，但至少它曾盛开。

2008 年互联网时代到来，温州人没有错过这个"花期"。我们可以发现，阿里巴巴、腾讯等企业背后，许多自然人股东是温州人。作为温州人,我有一个梦想,希望能够带领温州人抓住未来的趋势。这个趋势,就是从 2020 年开始,是资本市场的舞台。

中国的资本市场是摸着石头过河,没有什么案例可借鉴的。要走自己的道路,这个路是艰难的,犹如走在茫茫的大沙漠,分辨不出方向。此时只有心中有目标,才能朝着一个方向,走到最终的目的地。

未来十年,振兴资本市场是国家对于民营实体企业的最大支持。资本已经成为像我们对空气和水的依赖一样的存在。企业家要学会充实自己,接受资本的滋养。

1.3   思维天窗：资本是洪水猛兽，还是魔术棒

所谓时势造英雄，每个时代都会成就那个时代的弄潮儿。很多时代的弄潮儿，都是做实业的企业家。

1.3.1   金融市场概述

近几年，国家一直在鼓励实体经济的发展。金融资本为实体经济服务，国家更加鼓励企业加大直接金融的比重。

何谓直接金融？直接金融是指由资金供求双方直接进行融资，筹资者发行债务凭证或者所有权凭证，投资者直接出资购买这些凭证，而投资者手中的资金就直接转到筹资者的手中，因此不需要通过任何信用中介机构。

直接金融既是股权融资，也是债权融资。目前，我国直接金融形式主要有五种：金融机构的委托贷款和委托投资，中央政府发行的本外币国债，企业发行的本外币债券，股份制企业公开发行的股票。

简单来说，直接融资的本质是用我们手中的股权在资本市场中进行融资，而用融资所得的资金反哺自己企业的发展。直接股权融资与以前的债权融资不同，债权融资一般是通过银行贷款和民间借贷，像披

着科技金融外衣的蚂蚁金服，其实质还是小额贷款。随着国家加大对金融体制的监管，这些融资途径，或受到影响，或被叫停。许多企业家可能也被这样的融资形式所迷惑，交了很多"学费"，也没有什么收获。

当前，金融监管体制下真正具有金融属性的直接融资方式，是股权融资。

私募股权投资是指采用私募方式募集资金，对非上市公司进行的股权和准股权投资。私募股权融资一般有两级：一级市场和二级市场。

二级市场就是众所周知的股票市场。2020 年，股市与前一年相比，从 2 900 点涨到 3 400 点，后续还会逐渐回暖。在二级市场中，以往每天涨停大概 10%，而当时的创业板每天的涨停将近 20%。而国家在中国的证券市场全面推行注册制，2021 年 3 月正式实施。

大型企业、大型蓝筹上市首选

中小型、稳定发展型企业

创业板：有一定规模的高科技、高成长型企业
科创板：拥有关键核心技术、科技创新能力突出型企业

创新、创业、成长型中小微企业

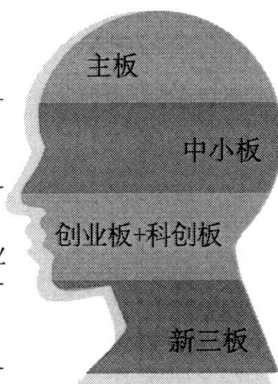

主板

中小板

创业板+科创板

新三板

全面推行注册制，意味着主板、中小板、科创板等市场的日涨跌幅都维持在 20%。因此，鼓励大部分人参与二级市场。同时，这也是对资本市场的一种亲密接触。但股票买卖，也要了解一定的规律，万物皆有

规律,只有找到规律,才能在二级市场上占有一席之地。

一级市场,系股权投资。金融的本质,通俗来说,即"钱生钱"。与区块链不同,未来能实现金融本质的只有私募股权投资,而非伪金融。资金不是固定的,需要流通,企业经营者重点管控的必定是现金流。

如何合理运用资本来为自己的企业服务?这离不开一个核心——游戏规则。

1.3.2   金融市场的游戏规则

2020 年 2 月,新冠肺炎疫情突然而至,口罩瞬间成为热销品,部分有存货的企业开始赚第一波红利,占据市场 90% 的份额。卖口罩的同时,有想法的企业开始购买材料和机器,在口罩紧缺的情况下,依然占据红利,有能力供给市场上大部分的口罩。而当大部分企业开始买材料、机器批量生产口罩之时,赚到红利的企业将自己的材料、机器抛售出去,在市场饱和之前退出。跟风进入口罩市场的企业,由于市场供过于求,赔得血本无归。

游戏规则,其实是一种思维。紧追时势,成为时间的朋友,这不仅是简单意义上的在什么时间做什么事,更是要看准时机做事。

时光飞逝,转眼间,我们已经走过了 21 世纪的第一个 20 年,迈向了时代的新阶段。如何在国家发展中找到自己成功的道路呢?这就需要企业家拥有冒险精神。如果没有勇于冒险敢于承担风险的精神,又从何谈起做企业?企业创新只有两条路,不是成功,就是失败,没有后路可言。

近十几年来,我国出现了多次投资热潮。例如,2003 年,为了提高生产和办公效率,解放劳动力,生产工具转向了机械智能化生产;而2008 年的房地产投资热潮,带动了相关行业的蓬勃发展;2009 年,汽车、家电产业得到了爆发式的发展,造成了停车位稀缺,停车难,以及家电进入各家各户的局面。

无论是 2003 年新科技对于生产劳动力向机械化转变的影响,或是 2008 年房地产基础设施的建设,还是 2009 年汽车、家电行业的发展,最终的本质都是为了提高人民的生产生活水平。

在这几次投资浪潮中,不乏具有前瞻性的人。但投资毕竟是有风险的,在投资上,如果没有一个行业作为支撑点,是很难具有持续的投资行情的。同时,没有正向引导的投资行为,也很容易对市场造成不良的影响。

1.3.3　企业家的引航者：咨询公司

2020 年年初,新冠肺炎疫情袭来,由于我国从上至下,团结一心,共同抗疫,在春节过后,疫情得到控制,工人也纷纷回到了工作岗位。为了不延误交货期,有些企业甚至给工人订机票,以便更快返岗。但当工人们全部就位,准备正式开工之时,欧美疫情暴发了,大部分订单被取消。这犹如晴天霹雳。企业失去了订单,各项人工成本却依然要投入。

这个支出是巨大的。因此,为了规避这些不可抗力的因素,为了让企业家走出其固有的圈子,市场上出现了一个第三方机构,旨在为企业指明解决问题的方向,使企业在遇到困难的时候能有新的希望。而这第三方机构,就是咨询公司。咨询公司的存在是为了帮助企业缩短成功的成本。

2020 年 11 月 15 日,区域全面经济伙伴关系协定(简称 RCEP)正式签署,马来西亚、缅甸、老挝、菲律宾、印度尼西亚、文莱、越南、新加坡、泰国和柬埔寨在内的东盟(ASEAN)十国,联合中国、日本、韩国、新西兰、澳大利亚共同签署了亚洲 15 国贸易协议。至此,这 15 个国家达成了全球最大的自贸协定。

RCEP 是原产地规则在本区域的应用,使本区域的产业链和价值链不断深化。与此同时,利用新技术发展新型跨境物流;负面清单的采用,还有助于投资自由化。这不仅有助于优化和整合区域经贸规则,还能有效地提高在政策制定方面的透明度。

RCEP 对于整个亚太地区来说,无异于阳光与雨露。这对广大的企业家投资人来说,是十分重要且有意义的,了解了这一信息,等于拿到了新时代的敲门砖。而中国的企业家们普遍弱化了咨询的重要性,因此,咨询公司在中国没有真正的兴起。而华为公司,得益于一个咨询顾问公司——IBM。

同华为一样,IBM 公司也曾差一步走进死亡之谷。IBM 曾是街边一家小作坊,卖打孔机起家,经过 80 多年的艰苦经营,成为年收入达到900 亿美元的巨头。当时,官僚主义盛行,机构臃肿等情况,使它在个人电脑和网络技术兴起的时代没能抓住转型的机遇,在大型机市场几乎遭遇了灭顶之灾,一度濒临破产。1993 年年初,郭士纳作为第一位非 IBM 内部晋升的 CEO,接手了这一个烂摊子。他认真分析了 IBM的失败原因,大刀阔斧地进行改革,并采用集成产品开发的研发管理模式(IPD),历时 5 年,付出了 80 多亿美元的代价后,IBM 终于起死回生。

IBM 在中国的第一个管理咨询项目是华为。作为华为 CEO 的任正非,曾想卖掉公司的念头在访问 IBM 时被浇灭。为了和 IBM 一样强大,华为以郭士纳为榜样,以 IBM 为行业标准,不惜一切代价去学习其精髓。

每年,任正非不惜花费 5 000 万美元给 IBM 公司。在 IBM"美式"诊断和系统培训下,华为发展迅速,不仅被评为 2008 年度全球十大最具影响力公司,而且它在世界五百强的名次从 2010 年的 351 位,已跃进到 2021 年第 44 位。华为成为世界通信行业排名第一的研发企业。

但是美国为了打压华为,出台各种制裁政策。失去了芯片,很多人觉得,华为的巅峰时刻已经过去了,市场只能被小米抢占。任正非却选择了"断臂求生"——由深圳智信新控股,多家荣耀手机代理商和经销商共同出资收购荣耀。而深圳智信新的股东,有持股 98.6% 的深圳国资委全资控股的深圳智慧城市科技发展集团和持 1.4% 股份的深圳国资协同发展私募基金合伙企业。

这次出售,不仅使荣耀在元器件采购上不受对华为限令的影响,资本的注入,更是对荣耀和华为雪中送炭。荣耀所有权的改变并不影响荣耀高层和团队的经营决策,可以最大限度地保证荣耀经营的独立性。

许多企业家认为,企业不就是自己的吗? 自己出资建厂,自己负责招工运营。其实,企业既是我们自己的,同时也属于国家,但归根结底,是属于国家的。任正非很好地诠释了这句话,在他的认知中,华为现今能做大做强,是因为华为是中国的华为,他由衷感到骄傲。任正非在荣耀的告别会上提出,与荣耀的分开不会藕断丝连。他希望,分家以后的荣耀能够大展拳脚,甚至把华为当成竞争对手,能在未来打败华为。

这就是深沉而伟大的企业家情怀。

如今,改革开放已有 40 多个年头,我国的经济、文化、科技等各方面迅速发展,其他发达国家花费几百年达到的工业化,我们仅用了 40 多年。

当别的国家以 50 年作为战略标准的时候,中国却以 5 年时间作为战略标准。对于国家政策,应该一直要有敏锐的嗅觉。曾经,在中国国际经济交流中心,我在研究宏观经济时,发现历年政府工作报告对我们来说是意义非凡,它传递的信息能够给予我们极大的启发,让未来前进的方向更加清晰。

当我们用自己的思维去看这个客观世界的时候,会觉得时间很慢。我们要想成功,就必须在这个时代快速地把握时势的趋势,成为时间的朋友。如果这一点都无法看清,也只是在浪费时间。

企业要发展,找不到方向时,咨询顾问是个不错的选择。咨询在西方是比投资更高端的职业。说到咨询,必然绕不过一家公司:麦肯锡。

全世界前 100 强的公司,70％都是麦肯锡的客户。其中不乏名人,如克林顿的女儿,柳传志的女儿柳青,滴滴打车的创始人……

麦肯锡方法论,是"三步"解决问题的思考方法:

(1)收集事实;

(2)MECE 法则;

(3)根据关键驱动因素,先从答案出发。

中国企业家最应该做的是学会做底层架构。以前,多数企业家是学麦肯锡方法论,学习日本精益生产的方法,现今,我们致力于开创我国自己的方法论——中国速度。

所谓"速",就是速率。中国基建速度是世界公认的。无论是高速路或是地铁,甚至是新冠肺炎疫情防控期间的"方舱医院",都能在短时间内完成得又快又好。而国外的基建建设效率十分低下。曾记得,2008 年我去了一趟伦敦,当地正在建地铁。2014 年因为工作需要,我又到了伦敦同一个地方,6 年过去了,当地的地铁还没有完成。

西方国家的资本市场发展了 300～400 年,而中国资本市场只有30～40 年。仅用了 40 年,部分行业已经达到了发达国家用 400 年发展的水平。

伟大的企业家,皆有家国情怀,为了国家可以舍弃一切。而投资人的思维,也与政治观相挂钩。集国家之力,其势能摧枯拉朽。如孙宏斌等人,将企业发展与国民生活相结合,提高国民生活水平的同时,也带动企业增值。

1.4　产融混业：实体企业和金融行业交融

近代以来，由于世界产业与金融资本的不断融合，产融混业推动了社会财富指数级的增长。实体企业和金融行业的交融是经济发展的必然趋势。实体企业是根基，金融行业则是推动力，两者关系密不可分，又相辅相成。工业和金融融合的魅力在于，它们通过相互渗透，创造了战略互补效应。产融混业使双方都可以更准确，更平稳地工作，同时，得益于两者间相互的影响，使得主要业务和服务领域中的各个部门做得更大更强。

1.4.1　产融结合是未来趋势

中国移动于 2011 年 11 月正式入股上海浦东发展银行，占有 20％ 的股份而成为第一大股东。这昭示着产融结合的模式进入一个加速发展的时期，金融的加入能有效解决实体企业融资难的问题。而产融混业的结合，在一定程度上能提升我国企业在国际上的竞争力。

与产融结合并行，金融混业的力量同样不可小觑。我国早在十年前股指期货萌芽阶段，证券、期货经营机构开始陆续融为一体，成就了如今券商系期货公司的辉煌。近年来，随着国内期货经营机构业务边界的大幅扩展以及互联网金融的普及，"期货圈"的概念显得更加模糊，期货、证券、银行、信托、基金等开始相互结合共融。

而在另一方面，当出现不可抗力因素，经济和社会各行业深受影响之时，与实体经济相互交融的金融行业，则能成为抗击风险的重要力量。新冠肺炎疫情突发时，中国人民银行于 2020 年 2 月 3 日创纪录的单日公开市场投放 1.2 万亿元，次日又投放 5 000 亿元，为市场注入流动性资金，展现了维护市场稳定、支持实体经济的决心。

独立经济学家金岩石提出："实体金融化"的时代到来了。资本市场的开放，打破了纯粹的实体经济结构，"钱生钱"促进了股权投资这一新兴产业的崛起。产融混业表明了由实体经济创造财富为主体的社会经济，从生存阶段步入了成长阶段。

1.4.2 股权投资产业化的起点

据金岩石介绍，哈佛学院的 ARD（American Research and Development Corporation 美国研究开发公司）和麻省理工的创客实验室源头就是股权投资产业化的起点，ARD 的特点是思想的创业者。

说到风险投资，很多人第一个想到的是硅谷，其实硅谷不是风险投资的创立者。系统化的风险投资，应是起始于美国东岸的哈佛大学商学院（HBS）。哈佛大学商学院的主理人乔治教授，是真正意义上的第一代风险投资家的导师。

乔治教授 22 岁时到美国求学，原本是要就读麻省理工学院的，后来机缘巧合之下去了哈佛商学院。毕业后，他并没有直接留校任教，而是去了华尔街，于 1924 年回到哈佛并在商学院授课。他讲授的是《制造学》。与其他传统教学方式（案例教学法）不同，乔治教授擅长研究产业，因此在课堂上会将产业的细枝末节，起因、经过、结果都讲得非常详细，深受学生的喜爱，在很短的时间内就荣升为知名教授。

20 世纪 30 年代的经济"大萧条",摧毁了新英格兰的传统经济,纺织业和服装业等传统产业也受到了重创。为了挽回这一颓势,以麻省理工学院的校长康普顿为首的各界名流认为,要想推动经济转型,必须利用新技术改造当地产业。乔治教授也笃信这一理念,积极参与其中。为探寻以全新的金融形式来扶持科技企业这一想法是否可行,他和一名物理学家用"企业协会"的名义,成功募集到了 30 万美元,用行动证明了其可行性。

随后"二战"爆发,他们的计划不得不中断,乔治教授入伍并成为美国陆军军需部计划局司令。但战争一结束,乔治教授立即返回哈佛重新执教。1946 年,计划被重拾,由于乔治教授成功募集了资金,因此众人推选他为美国研究开发公司,也就是 ARD 的 CEO。而乔治教授也将在那次募集资金时学到的经验和教训,运用到 ARD 的运作当中。乔治教授认识到,只有拥有足够的资金,才能有足够的掌控力。因此,ARD 通过发行股票,将公开募集到的 350 万美元投给了初创的科技企业。其中最为出名的当属 DEC(Digital Equipment Corporation)。1957 年,ARD 投资了 DEC10 万美元,到 1963 年 DEC 上市,ARD 在最终退出时,获得了高达 700 倍的回报。

ARD 不仅创立了全新的金融模式,它的成功更是影响深远,为初创企业寻求股权资金的支持开辟了道路,标志着风险投资的诞生。

在乔治教授的引领下,风险投资的新秀如雨后春笋,有的做了企业高管,有的则进入了金融和投资行业。罗克和珀金斯也是他的得意门生。

"风险投资"(Venture Capital)一词,来自惠特尼家族。在 ARD 创立不久,他们也成立了惠特尼公司(J. H. Whitney & Company)并进行更为系统化的风险投资,同时他们将这种投资定义为"风险投资"。

风险投资业的形成离不开两个基础:钱和人。风险投资的资金来源一开始是个人和家族，但难以形成规模化，因此，后来政府的介入，才由个人转向机构。而优秀的风险投资人才有一个共同的导师——乔治教授。

从那个时代开始，一个新兴产业迅速崛起，源头在于聪明的人更懂得将钱投给比自己更聪明的人。

股权投资将思想变成了财富，即思维成为财富密码。

第二章

02

上市的路线图

上市公司是设计出来的。

任何事物都有其途径和方法，不能只靠埋头苦干。构建上市路线图，不仅能够为企业维系好各个方面的关系，更能为企业指明上市的方向，使企业以上市为核心，拆分上市的步骤，以便更好、更快地取得成功。

投资是围绕上市公司产生的，可以用四个字概括：募投管退。即投资要投准上市公司，并且要在公司上市时退出，上市是投资退出的最好方式。

"募、投、管、退"分别是指资金募集、项目投资、投后管理和资金退出。

募集基金一般采用的是有限合伙的架构。有限合伙的企业因为只要求一次征税，也就是投资人只需要缴纳个人所得税即可退出。募集资金采用投资控股有限责任公司，投资人退出时则需要征两次税，既需要交纳企业所得税，分红之时还需交纳个人所得税。因此，有限合伙模式应用较为广泛。同时，募集资金时采用有限合伙模式，还需要有一个负责管理基金的人，即基金管理人。

目前，基金募集主要来源为个人投资者、投资机构和政府引导基金。个人投资者一般有企业家，上市公司的高管；而投资机构如万科，海尔等；政府引导基金相对来说要求严格，比如，要求需要有一定比例的当地投资项目。现在，基金募集出现了一个新的模式：领头＋众筹。它分为两种形式，一是项目众筹，领头人如机构，投资比例约为50%～60%，其他则有散户投资；二是基金众筹，如京东，它就是以基金众筹的方式，一人作为引领，其他众筹，要求每个人要投资100万元。

为了确保资金的安全，基金管理制度要求投资人将资金存放在第三方托管的账户，务必使每一笔账目都被监控，同时银行也会核实相关的合同文件，以及资金的用途。管理基金的公司也会收取一定的管理费，约1%～3%，这是依据每个基金管理会议讨论的不同结果而决定的。一般基金管理公司会收取 2%～3% 的年度管理费。因此,投资也分为投资人收益占 80%,而管理公司占 20%,分配会在出资人本金以及保底收益收回后再进行,因此,普通基金不能进行二次投资。

基金的投资不能是盲目投资。如果投资人拿到了 100 个项目,可能只有 10%～20% 具有投资价值。基金筛选投资项目一般会进行 3～4 次,但每个基金的项目比例又有不同。

股权投资实质是一个数学概率事件,过程模糊,结果清晰。一个专业的基金管理人会利用相关工具和理性分析,以提高投资组合的成功率。因而,募资的过程可以看作是投资人对基金管理人的考察,期望未来能得到丰厚的资金回报。

投资后的管理也十分重要。管理通常由两部分组成:其一为增值服务,除了做好资源整合,同时也要做好人才的引进,以及对商业模式进行梳理,最后才是融资上市;其二为融资的管控,管理人通过对财务的三张报表、银行流水和人力资源这三部分进行管理分析,才能有效了解投资项目的真实情况,以规避不必要的风险。

一般来说,企业发展可分为四个阶段:萌芽、发展、扩张和稳定。资金的来源各不相同,主要有天使投资和风险投资、私募股权投资、IPO(首次公开募资)。相对来说,私募股权投资和首次公开募资的成功概率较大,前两种融资方式的成功概率较小。

当企业上市,投资人就可以准备退出,而股权投资退出的方式主要有三大类:

(1)上市或挂牌;

(2)股东回购或对外转让股份;

(3)清算退出。

目前来说,并购是未来私募主要的退出方式。并购对企业上市相对来说更容易,速度较快;对私募来说,并购对资金周转周期的缩短大有裨益。而首次公开上市退出,对风险企业和投资人效果更佳。一方面既使得企业保持独立性,同时能够得到融资的渠道;另一方面,投资人可以获得很高的投资回报。

据调查资料显示,大部分企业选择通过股票公开上市退出,回报率可高达 600%,甚至 700%。例如,2003 年 12 月,在携程网上市当天,该股的收盘价格比其发行价高出 89%,成为美国资本市场三年来首日表现最佳的股票。它的投资人 CARLYLEGROUP、IDG 风险投资基金、软银科技风险投资基金等都从中获得了巨大的收益。

2021 年,作为中国"十四五"的开局之年,中国资本市场的注册制开始推行,它意味着中国资本市场爆发的元年将真正开始。

在现在的环境下,企业上市不再像以前那样困难。以往企业上市的门槛很高,中国的注册制,尽管是摸着石头过河,但它结合了我国的国情,降低了上市的门槛。只要企业累计两年年度净利润总计超过 5 000万元,就可以申请 IPO。

Initial Public Offering,简称 IPO,也就是首次公开募股,指一家企业第一次将它的股份向公众出售,即通俗的"上市",从私人持股公司,转变为公众持股公司。上市能够帮助企业募集资金,为企业吸引投资者;不仅能够增强资金的流通性,同时也能够提高企业自身的知名度以及内部员工的认同感,也能回报个人和风险投资。

首次公开募股市场不再像 20 世纪 90 年代后期,无产品、无资金、无希望的一些"三无"公司被允许公开上市。现在进行首次公开募股的大多数公司都是有一定盈余的企业。与私人持股公司不同,公众持股公司自由度较小,不仅需要每个季度向股东发布财务报表,还要提供一份全面的年度财务信息综述。同时,企业还要遵守《萨班斯——奥克斯利法》的一系列准则。

企业要申请上市,同时还要具备三个条件:创新的产品或服务,符合某些较为严格的财务方面的需求,具有良好的发展前景。当企业符合了这三个条件,就可以寻找一家证券承销商合作,例如,摩根士丹利、高盛等机构,让企业拥有相关必要的法律文件以及适当财政支持,便于公开上市。

人需要有见识,应该去见识更广阔的世界,去见识没有参与过的事物。见识上市在未来 10 年不会离我们太远,我们可以争取将自己的公司上市,也可以争取投资一家即将上市的公司,也能与上市产生联结。这就要求我们要有火眼金睛。多融入投资的社交圈子,多看潜在的项目。练就一双"火眼金睛",也是有方法和技巧的。投资需要方法,因为投资的本质是游戏规则。要在未来的 10 年占据红利,需要我们深入研究这 10 年的游戏规则。

上市的核心:上市公司是设计出来的。

上市公司,是"干出来"的,也是"设计"出来的。一家企业,20 年专心只做一件事,即管控好现金流,最后大多数能够成功上市。但人有几个 20 年?任何事物都有其途径和方法,不能只靠埋头苦干。所谓天道酬勤,就是在正确的道路上与时间做朋友,时间会给我们创造无限的收益。因此,我们要做的是,在时势下"抢"上市公司,在未来 3~5 年的国家利好政策下,想办法"抢"一家上市公司。要么投资一家,要么做一家,让自己成为潮流中的一员。

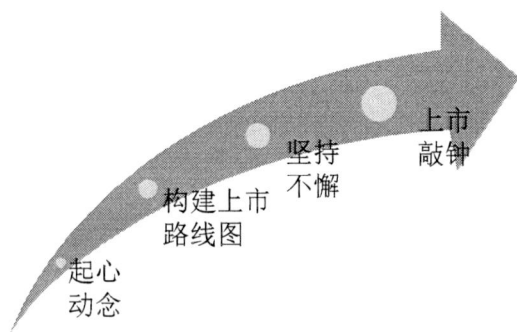

上市
敲钟

坚持
不懈

构建上市
路线图

起心
动念

设计上市公司,有四个重要流程:

(1)起心动念;

(2)构建上市路线图;

(3)坚持不懈;

(4)上市敲钟。

做设计,其实就是做好底层架构。中国企业家最应该做的就是学会做底层架构,树立目标,规划行动策略,同时在正确的道路上坚持不懈。

顶层设计:构建上市的路线图

企业上市,起心动念是第一步。当有了上市的目标,就可以开始构建上市路线图了。

蓝图就是我们手中的"藏宝图",是通往"宝藏"的最有效途径。如何构建上市路线图? 3～5 年时间,需要做哪些事? 如何去做? 找什么人做? 需要什么资源? 用什么样的模式来做? 这些都是需要设计的。企业每年要达到的目标,营业额和利润的多少,财务报告如何做,打造什么样的商业模式和市场,股权资本运作规划,细分市场的选择,产品销售系统,产品深度营销和占据市场的方式,人才资源,都是蓝图的重要组成部分。

同时,企业上市路线图需要专业人士来构建。大部分企业家的蓝图都是自己画的,导致有些盲区没办法突破,掉入一个又一个的坑,觉得是团队背的锅。其实,我们要做好一件事,五分之一是外因,五分之四是内因。像比赞的手势,一根手指指出去,四根手指却指向了自己。如果制定好战略和模式,却没有做好顶层规划,团队就无法做正确的事。因此,企业家应该学会做顶层架构。

企业家也要转变思想,由原本的赚产品利润转向赚资本利润。资本利润远大于产品利润,产品利润有限,而资本利润不局限于单一产品,利润空间巨大。

价值创造、价值经营和价值实现构筑了市场市值管理的整个体系。价值创造是基础,价值经营是手段,而价值实现是目标。例如,有些企业,刚上市市值是 20 亿元,没过两年市值达到 200 亿元,如何做到的呢? 上市公司定增 10%,稀释 10% 的股票,到账 10 亿元,然后企业利用这 10 亿元再收购一家年度净利润达到 5 000 万元的公司,用 10% 盈利稀释股票,5 000 万元乘以 100 得到 50 亿元,用 10 亿元换来 50 亿元,之后再做定增,或并购,这就是资本市场的市值管理。

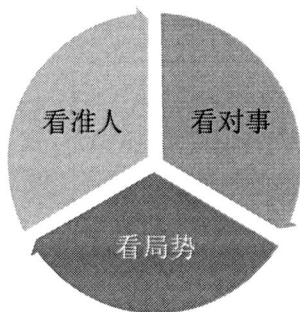

作为一名企投家,我们投资的核心有三点:看准人,看对事,看局势。

"天时不如地利,地利不如人和。""人和"对于成事起着决定性的作用。小米集团的投资人,在雷军一开始什么都没有的时候,毅然地投了 2 500 万美元。他说,只要是雷军做的事,我们都投。他们看准了雷军不会轻易做一件事,只要他开始做一件事,就会朝着这个目标勇往直前。如果把投资的逻辑浓缩成一个字,就是"人"。

作为投资人,需要不断的遇见,遇见值得投的"人"。

与什么样的人共同做一件什么事固然重要,而这件事是否值得做,也是十分重要。

我们要跟正确的人做对的事,同时也需要结合时势。因此,时势、格局、人三者缺一不可,强强联合,才能成就一番事业。

在三者之中,看准人,难度最大。如何看准人,也有一套方法论。本书就不对此展开了。

众所周知,在特斯拉推出电动汽车前后,同时有多家企业也在研究这个项目,但几年过后,失败者销声匿迹,成功者寥寥无几,或是特斯拉电动汽车,或是李斌的"蔚来"电动汽车,或是何涛的小鹏汽车。在小概率成功的项目中,除了看准时势之外,人的努力也是十分重要。

"千里之行,始于足下。"只有有明确前进的目标,并制定正确的规划蓝图,并准时施工,才能快速、有效地达到目的。构建上市路线图,不仅能够为企业维系好各个方面的关系,更能给企业指明上市方向,使企业以上市为核心,拆分上市步骤,便于更好、更快地实践,直到成功。

2.1   千里之行：伟大的成就来自一个动念

　　我的老师，经营着一家世界 500 强的企业，同时也是中国排名前五位的民营实体企业。他曾送过我一幅字，这幅字至今仍挂在我的办公室里。"念动百事有，念止万事无。"每天，我们想象着在证券交易所敲钟的画面，同时不断努力，总有一天梦想就会照进现实。因为相信，所以看见。当我们把企业成功做成上市公司，这就是我们人生最好的注脚，也是人生价值最好的体现。

　　其实，投资是讲究规则的。了解规则并不难，掌握规则却很难。因为不懂，所以感觉难。世界上的许多事，实际只隔着一层窗户纸。当这层窗户纸被捅破，你会发现眼前豁然开朗。事情并没有想象得那么深奥，美丽的新世界离我们并不遥远。许多企业家，捅破不了这层窗户纸，因为他们没有一个动念。

　　一级投资人、私募基金管理人彭道富老师曾在其《龙头战法超长深度解析 5 讲》中详细阐述了"起心动念"的重要性。同样的事物，不同人对其有不同的"念头"。当我们拥有了一个"念头"，我们会开始想办法寻找相关的理论依据，通过以往的经验和知识积累，来支撑自己的"念头"。投资的最高追求不在于买卖股票和股权时内心所持有的理由和证据,但这又是多数人在投资时所追求的"形而下"。投资所追求的应是"起心动念",念头一起,则是非已定。

资本时代的来临,让企业家不只能做实体经营资本流动渠道和注入人,还要能够加速企业的发展,让企业维持长久经营。因此,作为企业家,不仅要寻找企业经营的法则,也要追求企业的良好发展。而企业发展的重大里程碑是"上市",这是企业家现在,也是未来应有的"念头"。

只有将上市作为企业发展的重大目标时,才能做出相应的规划,通过不断调整策略、经营方式、产品更新等,推动企业的快速发展。资本时代,水深鱼大,要成长为一条生机勃勃的"大鱼",起心动念是我们迈开的第一步。

企业上市,只是成功的第一步。未来的企投家不仅是为了实现自身企业的上市,更是为了让资本在资本市场中流动,将投资所得反哺自己的企业,实现基业长青。

成功的道路上总是布满荆棘,半途而废是常态。而我们持的信念就是斩断无数荆棘的长刀短剑,指引前方道路的耀眼明灯。

2.2　股权激励：开启企业成长的核裂变

股权激励是为推动企业发展，通过给予经营者或员工相应的经济权利，让他们积极参与企业的决策，将企业利益与员工利益捆绑，使得经营者或员工能与股东的利益追求趋于一致，发自内心地为企业长期发展尽责。

2.2.1　股权激励的积极作用

企业上市前，决策者和管理者做好上市的路线图是十分必要的。企业有了上市的念头，就应该开始规划蓝图；而有了上市的路线图，接下来就需要给力的团队。为了提高团队凝聚力、爆发力，企业可以选择将股权分给团队，让大家一起享受上市的红利。股权激励就是一个非常好的管理机制。

有"1元CEO"之称的乔布斯，虽为苹果公司的创始人，但他的年薪仅有一美元，然而他拥有企业的股票期权，因此，当企业发展的同时，他的收入也随之增长。2011年，乔布斯以净资产83亿美元排名福布斯全球富豪榜第110位，同时也位列美国富豪中的第34位。

股权激励在20世纪末开始风靡于美国的企业中，排名前1 000的美国公司中,有 10％的企业在其管理人员中实行股权激励,例如,微软、IBM、戴尔、Google 等全球排名前 500 的企业,这些企业几乎是在股权激励之下成长起来的。员工持股、金色降落伞和在职分红等词在现今社会已经不再陌生。自 20 世纪 80 年代,中国企业第一次实行股权激励后,不少实行股权激励的企业实现了快速地增长,同时企业的管理阶层还能保持极高的稳定性。可以说,股权激励是现在企业发展不可或缺的管理工具。

企业的经营离不开对人才的管理,而股权激励可以满足企业的人才需求。股权激励在大企业中既能激发员工之间的相互竞争,促进员工能力的不断提升,同时也因为利益分享制度,使企业不会故步自封。人才的流失只能导致企业衰败,最终走向被收购、倒闭的惨痛结局。

一般来说,股权激励并不全是发生在上市公司中,对于非上市公司,甚至是成长型的企业同样适用。不同于上市公司的数据公开化、透明化,非上市企业和成长型企业的财务数据不透明,很难在创业初期得到大量的投资,但它们也能凭借企业内部的股权激励,推动企业的发展。其中最典型的例子莫过于华为公司。华为公司在创业初期并没有得到银行的借贷,或者来自资本市场的投资,而是怀揣几万元的任正非带领着几个员工,通过股权激励,克服重重困难,发展到现今的规模——国内首屈一指的移动通信设备巨头之一。

股权激励的核心:利益的凝聚。当被激励者从普通员工变身为企业的股东之一时,他们自身的利益已经与企业的利益相捆绑,成为共进退的命运共同体。只有主动做好本职工作,为推动企业长期发展而努力,才能与企业共同分享利润。

股权激励,看似是将企业股权分散,实际上是以另一种方式凝聚企业。而企业家的管理能力和格局大大影响了股权激励的有效性。企业作为一个平台,既是为了实现企业家的梦想,也是为了实现员工的梦想,然而有些企业家基于自己的私心,不愿意分散自己手中的股权,却想让员工无私奉献;或是在股权激励时没办法做到公平、合理,这样的"股权激励"只能加速企业的分崩离析。因此,企业家应该要有"无我"的胸怀和格局,并且实现公平。

2.2.2　股权激励模式多样性

股权激励的模式有九种,其中八种与证券市场相关。这八种激励模式是将被激励者所获得的收益与股票价格挂钩,能充分发挥经营者或员工的价值,其持有的股权价值也能实现最大化。

(1)业绩股票。顾名思义,即当设定了合理的年度绩效目标,并且达到了年底的预期目标时,企业将为员工提供商定的股票数量或奖金用以购买股票。但是,业绩股票也会受到限制,受时间以及数量的限制。该模型类似于业绩单位,但业绩单位通常会以现金奖励发给被激励者。

(2)股票期权。与业绩股票有两处不同,一是股票期权授予的是一种权利而非股票,即股票认购权。被激励者可以在限期内按照预先确定的价格,购买一定数量的公司流通股票。行权除了受到时间和数量的限制,还要求被激励者自行支付购买股票所需要的现金。

(3)虚拟股票。虚拟意味着被激励者没有股票所有权,但是可以获得相应数量的股价升值收益、现金或等值的股票。现在,我国有些上市企业将虚拟股票与股票期权二者相结合,即被激励者可以获得一定的权利,用于虚拟股票的认购。

(4)股票增值权。即被激励者可以在企业股价上升时获得相应数量的股价升值收益的权利,无须自己付出现金即可得到等值股票或现金。

(5)限制性股票。只有被激励者完成特定目标(如盈利增加的百分比或扭亏为盈等)时,被激励者才能通过抛售事先被授予的一定数量的公司股票,从而获得收益。

(6)延期支付。支付形式为现金或股票,企业制定的相关薪酬收入计划中,会包含一部分股权激励收入,而这部分收入只有在一定期限后才会兑现。

(7)经营者/员工持股。这个模式是当前大部分企业的普遍选择。经营者或员工可持有一定数量的企业无偿赠与、补助购买或自行购买的本企业股票。当股票升值时可获得收益,而股票亏损时也要自行承担损失。

(8)管理层/员工收购。企业的管理层/员工可通过杠杆融资等方式购买公司股份。作为有一定股权占比的股东,当企业股权结构发生改变,拥有一定的控制权,也与其他股东利益共享和风险共担。

(9)最后一种模式是账面价值增值权。一般有购买型和虚拟型两种,与股价无关,仅与企业每股净资产值有关。购买型指的是被激励者将该公司的股票以每股初始净资产购买,并在期末以每股净资产再次出售。虚拟型则指的是公司在期初授予一定数量的名义股份,被激励者不必付出实际资金,也能在期末获得相应的收益。

股权激励对于企业营收和市值增长有极大的帮助,是企业、股东和员工三方共赢的有效方式。但股权激励的应用也会受到不同机制的影响。

充分的市场选择机制可以对经营者或员工起到一定的行为引导与约束,且经营者或员工的价值是由市场决定,而不是由企业行政直接任命或者其他除市场选择以外的方式,优胜劣汰,具有一定的竞争意义。

公正合理的市场评价机制可以客观评估企业的价值,如股价,以及经营者或员工的业绩。

控制约束机制一般指的是利用国家的法律,企业制定的规则和完善的管理系统来约束和引导经营者或员工的行为,防止因经营者或员工的个人行为对企业健康发展造成不利影响。

综合激励机制,是指企业通过多重激励手段,包括薪酬奖金、股权激励、晋升、各类培训和福利等对经营者或员工进行良性引导。不同的企业和不同的经营者或员工,在不同环境下的不同业务,相应的最佳激励方式各不相同,企业应该按照实际状况设计多种激励手段,从而使激励发挥的作用最大化。

政策环境对股权激励的影响也很大,只有政府创造一个良好的政策环境,如强化资本市场监管,取消不合理的垄断保护、改革经营者任命方式等,股权激励才能发挥作用。

除了以上的九种激励模式,也可以通过以下四个层面来分析并推行股权激励。四个层面分别为激励的目的、对象、时机和机制。

(1)股权激励的目的应该是单纯的,明确的目的和清晰的方向是股权激励的重中之重,这也是许多企业难以迈出的第一步。

(2)股权激励的对象通常为公司的高级管理层,以及重要的骨干和核心技术人员。如今,普通员工也逐渐纳入被激励的对象。因此,被激励者的综合素质对公司发展有重要的影响。

(3)企业不同发展阶段(初创期、发展期、成熟期、上市前期等),由于股权激励实施的目的各不相同,因此推行股权激励的时机也不尽相同。

(4)不同行业的企业,所运用的激励机制也不同。企业要根据行业实际情况、所处的发展阶段以及需要激励的对象三个方面,通过适当的组合来设定激励机制。

随着经济的日益发展,大小企业都想通过创新和不同组合的股权激励机制,使企业获得高速发展。因此,作为企业家要合理高效地运用股权激励,实现企业上市,结合股权激励四个层面和九种激励模式,将股权激励变成我们创造财富的手段。

2.3　不忘初心：万里长征的执念

叔本华说："生命本身就是处处充满漩涡与暗礁的海洋。"在时代的海洋中，我们颠沛、迷茫。仰望星空，璀璨的北斗星犹如大自然馈赠的指南针，让我们不至于迷失在一片汪洋中。而我们的初心，如那明亮的北斗七星，熠熠生辉。成功的第一步，即让心中的那点光，照亮黑暗，带领我们走出困境。

不忘初心，方得始终。成功的道路有很多，成功者却寥寥，因为成功的道路崎岖，艰难万险，许多人在中途就选择了放弃。

成功的途径有很多。企业能成功上市的方法也有很多。只要我们严格按照上市的核心流程来走，通过团队的努力，企业上市指日可待。虽然上市的门槛降低了，只要达到 IPO 的规定和标准，我们就可以在国家允许下向公众募资。在这个过程中，我们需要攻克许多难关，但只要方向是对的，坚持不懈地努力，成功还会远吗？

今天很残酷，明天更残酷，后天很美好。相信在不远的将来，我们也能敲响自己企业上市的钟声。

企业的发展是永无止境的，基业长青是所有企业经营者共同的目标。如果企业因为一时的成功而不随时代的发展而改变，只能步入黑暗。20世纪初,诺基亚和黑莓占据了手机市场的半壁江山。诺基亚起初只是一家位于芬兰的做橡胶的公司,曾一度作为手机界的霸主,却在智能手机时代的到来退出历史的舞台。诺基亚的思维定式,让他们逃不开"键盘"的束缚,无论是翻盖手机、滑盖手机,抑或是直板手机,诺基亚都无法舍弃"键盘"。同样无法舍弃"键盘"的还有黑莓。黑莓手机首创了全键盘手机,大大提升了手机输入的方便快捷和舒适。因此,诺基亚和黑莓的一时成功让他们忽略了时代的趋势,手机已经慢慢由商务手机逐渐成为消费者日常生活的需求,甚至能够取代电脑。

当我们手里有了锤子,看什么都像钉子。著名的苏格兰黑山羊理论说明,只有全面地看待问题,才能脱离偏见,走出思想的死胡同。失去中国市场的三星,却不像诺基亚和黑莓一般彻底消失,而是转向了其他成长型市场,如印度等,并且凭借其中低端、配置高、价格低的优势,占领全球手机市场的巨大份额。

相较于2018年的巅峰市值,苹果公司这两年的市值也逐渐回落,但其研发的自主生态操作系统IOS,在市场中仍具有不可替代性,其他手机生态体系还无法超越。近年来,中国经济的高速发展让部分国家忌惮。部分国家对华为的制裁,虽然使其销售额骤减,但也让华为不得不在绝境中寻找生机。因为美国对于芯片和配件的"封锁",华为不得不担心将来安卓系统也会被彻底"割裂",因而无论是芯片,还是操作系统,都是华为的求生之策。AIoT时代的到来,让华为的鸿蒙系统具有前瞻性,毕竟未来全场景操控会是大势所趋。

成功不是偶然,失败更不是必然。成事不仅需要一个动念,更需要在荆棘中抱有坚定的信心和希望前行。路途中实现短暂的成功也不要过度地自我满足,不忘初心,砥砺前行,在成功的道路上一步步向前。只有脚踏实地,走好脚下的每一步,企业才能突破困境,获得重生。

第三章 **03**

鲲鹏"三体"模型

所有的学习方法都可以总结成两个字：系统，我们可以把系统理解成一种模型。

　　通过对 2 000 多家企业及其创始人的研究，我总结出一套"鲲鹏三体模型"，这个模型分别从三个层面来剖析，即成事、驭人、安心，它对于企业的经营和发展带来了重要的作用和意义。

　　我们从小到大接受教育,学习的不仅是知识,更是学习的方法。无论是学校老师的线下授课,抑或是网络上的教学,所有的学习方法都可以总结成两个字——系统。系统的学习方法,就是把所学习的内容当成是一个系统,从整体出发,确保大方向正确的前提下,对各个细节逐步填充,完善结构,以填补不足。

　　我们也可以把系统理解成一种模型,我通过对 2 000 多家企业的研究,总结出了一套鲲鹏"三体"模型。这个模型分别从三个层面来剖析,对于企业经营发展有着重要的作用和意义。该模型分为三个方面,"成事""驭人""安心"。本章将详细说明这三个方面对企业的各个层面有着怎样的作用。

　　作为企业家,经营企业离不开商业模式、资本模式、战略模式、产品模式以及营销模式五个层面的强强结合。商业模式讲述的是模式的由来以及特点,学习如何改变商业模式以促进企业的发展。资本模式主要讲的是资本运作在企业发展中扮演着什么样的角色。资本犹如企业的血液一般,虽必不可少,但不是一成不变的,需要不断流动,因此,学习资本模式可以帮助我们在企业运作中避免因资金问题而陷入被动的局面。战略对企业发展来说,起着指路明灯的重要作用。而产品是企业的基础,产业模式与营销模式又是密不可分的。通过这五个层面的解析,我们对企业经营有了一定的了解,只有深入的学习,才能真正有效地推动企业发展,使之立于不败之地。

　　企业中除了以上五个方面,还有一个重要的方面,就是团队。谈及团队,可以从以往的各种资料中得知,人是成事的基础,一群人才能做成一件事。而如何驭人,才能发挥团队的最大作用?可以从四个层面来实践,分别是管理模式、团队模式、股权模式以及机制模式。

团队管理对企业发展有着不可言喻的重要性。蚂蚁是自然界中最讲究团队合作的生物之一,不同种类,在团队中起着不同的作用。如果领头者偏离轨迹,那么后面的蚂蚁也会跟着错误的道路前进。因此,企业管理者如何管理好团队,至关重要。团队模式有许多种,企业可以选取最适合的一种模式去实行。

股权激励是团队的核心。为了使团队中的每一个成员都能朝着一个目标共同努力,可以推行"股权激励"。股权模式有许多种,它能帮助我们在团队管理中,让团队成员与企业发展捆绑在一起,最大效力地发挥团队的力量。同时,企业的机制运作离不开每一个部门的通力合作,因此,只有做好企业的管理、团队的合作,让股权激励机制合理地运行,才能推动企业发展,最终走向上市。

3.1　总起篇：事、人、心三位一体

如今企业的发展是困难重重，更不必说要上市。未来之路在哪里？

更多的人还在孜孜以求。有一种观点认为，每个生物都会存在缝隙，而缝隙的存在是希望，未来会有光照进来。不管我们遭受多大挫折，终究能看到光和希望。

未来的十年，是非常好的十年，关键在于要厘清这十年的发展趋势。因此，企投家必须先做好准备。在这个大环境中，不要恐慌，也不要盲目学习，要停下来做真正的反省和思考，建立起思维架构。

思维造物，凌驾于一切之上的顶层设计，是建立一个有效的企投家思维架构体系，而企投家的思维架构体系是一个系统化的架构体系。

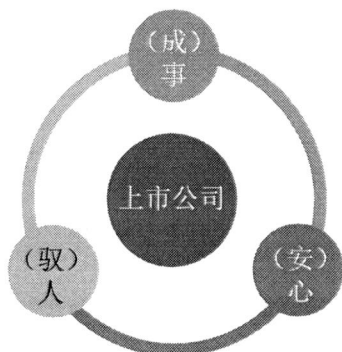

企投家的思维架构可以浓缩成一个简单的模型——鲲鹏"三体"模型。"三体"包含三个维度：事、人、心。

这看似简单，但包含的内涵十分宽广。"事"，成事。"人"，驭人。"心"，安心。这套体系是围绕四个字展开——"上市企业"。随着中国多层资本市场的发展，想上市的企业将会越来越多，而上市的门槛也会随之下调，越来越低，比如，注册制的正式实施，大大降低了企业上市的门槛。IPO不再是令人不可想象的事。未来上市将成为每一个做企业的人都能实现的小梦想。除了可以让自己的企业上市之外,也可以选择投资一些准上市企业,未来也能从中获得收益。

在投资过程中,一直有一个难以解决的问题——信息不对称。

手中有资本,却没有投资的方向。2012 年时,短视频开始崭露头角。许多人手中都有几百万元的闲散资金,但很多人错过了这一具有发展潜力的行业。自媒体公司,例如字节跳动,快手等在近几年迅速发展壮大,成为继微博、微信等受众广泛的娱乐休闲软件。

错过,是因为不懂。许多企业家看不懂行业的发展潜能。"事、人、心"架构体系能够帮助我们理解这其中的奥秘,提升做事的成功率。

3.2 成事篇：成大事者，以识为主

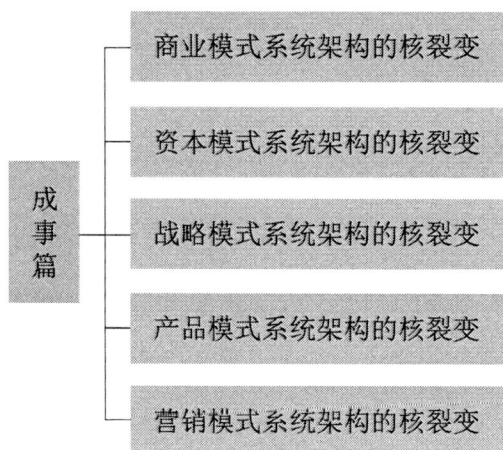

```
                    ┌─────────────────────────────┐
              ┌─────┤  商业模式系统架构的核裂变   │
              │     └─────────────────────────────┘
              │     ┌─────────────────────────────┐
              ├─────┤  资本模式系统架构的核裂变   │
         ┌──┐ │     └─────────────────────────────┘
         │成│ │     ┌─────────────────────────────┐
         │事├─┼─────┤  战略模式系统架构的核裂变   │
         │篇│ │     └─────────────────────────────┘
         └──┘ │     ┌─────────────────────────────┐
              ├─────┤  产品模式系统架构的核裂变   │
              │     └─────────────────────────────┘
              │     ┌─────────────────────────────┐
              └─────┤  营销模式系统架构的核裂变   │
                    └─────────────────────────────┘
```

3.2.1 成事体系五大系统架构

成事体系由五个重要系统架构组成，不管是做企业，还是做投资，要成事，离不开商业模式系统架构、资本模式系统架构、战略模式系统架构、产品模式系统架构以及营销模式系统架构。而每个系统架构背后又有一套独立的体系。

系统架构犹如一串项链，将许多观点和结论串联起来。许多企业家曾耗费许多时间、精力和金钱在各种学习和培训课上，但收效甚微。没有系统地学习，效率低下，甚至有些学习内容都是相悖的。当我们系统地学习时，能将散碎的观点在系统中分门别类，消化吸收，比如，股权激励相关的内容，可以将它归类到战略模式的系统架构中。每学到一个新知识点，就能融会贯通地运用到实际当中，效率大大提升。

钱学森在制造“两弹一星”的过程中，给科研人员引入了一个方法论——系统论。这个系统架构是制造原子弹的基本依据。

3.2.2　商业模式系统架构的核裂变

大多数的企业家，没有接触资本模式，甚至拒之千里之外，既不清楚如何细分市场，没有战略根据地，又不懂得如何将营销做到风生水起。

商业模式一词最早出现于 20 世纪 50 年代，但直到 20 世纪 90 年代才被公众广泛传播和使用。可到现在，人们对商业模式并没有一个确切的定义。一般来说，商业模式是为了最大化客户价值，集成了企业运营的内部和外部要素，以创建一个完善的具有独特核心竞争力的高效运行系统并满足客户需求，通过满足客户的需求和价值的实现，使系统达到可持续盈利目标的端到端的解决方案。

企业与企业之间、企业的部门之间，乃至与顾客之间、与渠道之间，都存在各种各样的交易关系和联结方式，这被称为商业模式。商业模式是一种包含了一系列要素及其关系的概念性工具，用以阐明某个特定实体的商业逻辑。

商业模式系统关系到企业的成败。企业要按照发现和验证市场机会、系统思考、提炼产品概念、产品定义、财务分析、提供企业担保六个步骤来系统化自己的商业模式。在此之前，因为所有公司的商业模式都差不多，只要确定一个行业，就知道该怎么做。但是现在只选择盈利的行业是不够的,还需要一个有竞争力的商业模式。此外,竞争的加剧和成功商业模式的快速复制迫使所有企业不断创新商业模式,以获得可持续的竞争优势。对一个公司来说,要想在复制自己的商业模式之前进行创新,就需要研究公司的商业模式,以及构成商业要素的关系。

任何新的商业模式的出现,都意味着一种创新,意味着一个新的商业机会。谁能抓住这个商业机会,谁就能在商业竞争中取得领先。

商业模式有两个主要特点:第一,诚信和系统的概念,而不是单一的元素,例如,收益模式(广告收入、会员费、服务费)、向客户提供的价值(价格竞争、质量竞争)、企业结构(自成一体的业务单元、综合联网能力)等,都是商业模式的重要组成部分。第二,各部分之间必须有内在联系,将各部分有机地联系在一起,使它们相互支持,共同协作,形成良性循环。

商业模式至关重要,新的商业模式被创造并赋予生命,它的成功被广泛复制和应用。商业模式可移植,免费商品推广成为可能。由于互联网的兴起,通过各种推广手段,企业赢得了消费者的关注。一般称这种新的商业模式为"新商业模式"。

从市场营销或管理理论的研究中,经常可以看到介绍著名国际品牌的商业模式,如"通用汽车、丰田、可口可乐、麦当劳"等。中小企业的商业模式通常是复制大企业的商业模式,以大品牌为标杆。但是,一些只占企业总数不到 1% 的大中型企业的成功经验,能否在 99% 的中小企业中推广? 答案是否定的。

大企业与中小企业在本质上存在巨大的差距,表现在品牌、资金实力、融资能力、技术能力、人力资源、市场控制等方面,甚至全方位的差距都很明显。经过对中小企业的长期研究,越来越多的研究结果表明,单纯照搬大企业的成功营销经验和模式,或者单纯将现代营销理论应用于营销实践,往往会导致效果不佳。这就要求中小企业探索一种独特的营销管理方式。

企业的快速成长取决于两个方面：一是外部市场和行业的有利条件，二是技术、人才等内部资源的优势。企业如何利用内部有限的资源来把握无限的市场需求，需要一个有效合理的商业模式来引导。

与大企业相比，中小企业需要研究业务，探索合适的商业模式。企业释放的生产力会随着商业模式的不同而不同。在成长过程中，中小企业往往比成熟企业需要更多的资金，因为中小企业想扩大生产能力，增加 R&D 资金，扩大团队规模。因此，我们建议部分企业根据实际情况，在前期销售模式中优先选择代理商，加强联销，既可以快速回笼资金，又可以整合社会资源，比单独占领市场要快得多。

一部分中小企业拥有良好的技术，但商业模式在一定程度上阻碍了企业发展的步伐。通过对许多中小企业的调研，我们发现，与大企业相比，中小企业往往受到市场许多"不公平"的对待：在资本市场上，资本往往认为中小企业存在生存风险，虽然回报率高，但不会轻易投资；在人才市场上，大部分人才偏爱大企业，中小企业往往会出现"小和尚活不下去的情况"；从技术上讲，投资同样的 R&D 费用，对大企业来说，可能是九根牛一毛，而对于中小企业来说，往往被称为孤注一掷；在客户面前，大企业的品牌优势可以让其获得更多的信任，甚至获得更高的溢价，而中小企业有时只拿自己的钱来提供性价比高的产品，但对于消费者来说，往往是轻描淡写。因此，中小企业在立项的时候，如果手中没有优秀的产品，市场上没有相当大的潜在需求，那么融资会非常困难。

短时间内能快速发展起来是中小企业或创业企业的优势，然而商机稍纵即逝。企业要进一步抓住商机，必须迅速投入人力、物力以扩大产能，因此容易出现资金需求过大，企业快速扩张的想法被压制，眼睁睁看着市场被后来的大企业"抢走"的现象。

因此，中小企业的商业模式系统有两点需要注意：第一，中小企业不能简单模仿成熟的商业模式。商业模式是个性化的、不可复制的，因为企业已经拥有或能够拥有的资源几乎不可能完全相同。第二,中小企业的商业模式一般应该具有较强的资源整合能力,尤其是创业型中小企业,因为中小企业更注重扩张和发展,而大企业更注重发展的可持续性。

从商业模式再造的角度来看,企业应该从源头上进行系统的调整,使商业模式更适合市场环境,更符合企业资源,实现更快的发展。同样的技术,不同的产品形式,不同的商业模式,不同的发展路径,不同的商业模式所释放的生产力,都会产生不同的结果。

3.2.3　资本模式系统架构的核裂变

资本模式,又称为资本运作、资本运营、资本经营、资本营运。资本广义上指的是用于投资得到利润的本金和财产,是企业经营活动的一项基本要素,是企业创建、生存和发展的一个必要条件。它是指一种利用市场规则,通过资本本身的巧妙运作或资本的科学流动,增加效益的管理模式。企业创建需要具备必要的资本条件,企业生存需要保持一定的资本规模,企业发展需要不断地筹集资本。

按照资本运营的扩张和收缩模式,资本运作模式可分为:第一,扩大资本运营,具体分为纵向资本运营、横向资本运营和混合资本运营;第二,承包资本运营,具体分为资产剥离、公司分立、分拆上市和股份回购。

按照资本运营的内涵和外延分为:第一,内涵资本运营,包括产业投资、上市融资和内部业务重组;第二,延伸资本运营,包括并购、企业股权联盟、企业外部风险投资和金融投资。

3.2.4　战略模式系统架构的核裂变

策略管理问题是所有管理者的责任,而这一责任变得日益重要。管理者仅从功能上或操作上来考虑管理,是不行的;只靠自己做好工作以及确保下级很好地完成自己的工作,也是不行的。在复杂的环境中,现代企业需要更快速、更有效地应对策略。

对一位经理来说，最基本的要求是，他必须理解管理的各个部分如何与战略问题相结合；否则，将严重损害战略管理的有效性，并阻碍战略目标的实现。

策略管理比任何一种职能管理都要广泛，而且常常涉及企业内的模糊、非常规的复杂情况。策略管理人员必须具备系统思考的能力，并考虑到企业的整体，而不仅仅是一个局部。

对管理者来说，管理战略的变化是不寻常的。为了在战略决策过程中处理大量不同的环境变量，管理者必须在简化的环境模型中进行操作，但在约束模式框架之外，理解战略问题的能力显得特别重要。

策略改变的方式可能有所不同，不一定是单向改变，有可能是渐进的，偶尔的改变。社会、政治和文化等因素对企业战略决策的性质和特征都会产生重要影响，因此，不同的企业应有不同的决策过程。

公司的战略决策十分复杂，往往具有不确定性，需要一系列综合的方法进行整合和管理，评价难度大，标准化难度更大。该战略需要考虑的不仅仅是环境适用于企业现有资源能力的程度，还包括对未来战略发展的获取和控制的适用性。

策略决定会影响经营决定，即波及较小的决策。企业执行战略决策需要企业管理层作出一系列的变更决定（营销措施、控制结构等）。

战略选择是企业经营的核心内容之一。这包括企业未来的决策，以及企业在战略分析中确定的应对压力的方法。

3.2.5　产品模式系统架构的核裂变

资本运营与商品运营、资产运营密切相关，但二者又有区别，因此，资本运营和商品运营、资产运营不能等同起来。资本运营具有流动性，资本运营的本质要求是实现资本的增值，资本的本质也是如此。资金流动与重组旨在实现资本增值最大化。企业的资本运营指资本在企业的再生产过程中不断改变其形式,参与产品价值形成的运动。企业在资本运营活动中,风险和收益的不确定性共存。每一个投资行为都有风险,没有无风险的投资和收益。这就要求考虑企业的长远发展,尽最大努力分散资本运营风险,分散新资本,并吸收其他资本参股。

资金运营方式与商业运营方式有何不同?

(1)不同的业务对象。资金运作的对象是企业的资金及其流动,关注商业过程的价值,追求价值增值。产品和生产销售过程是商品管理的对象,经营基础是厂房、机械设备、产品设计等,关注公司管理过程的使用价值。

(2)不同的运作领域。资金运作主要发生在资本市场(证券市场、非产权交易市场等)。公司商品管理主要涉及原材料购买、生产机器、技术和销售产品,主要经营市场,包括生产资料、劳动力场、技术和商品等市场。

(3)方法和目的不同。通过销售货物或提供服务使其利润最大化是货物管理方法和目标。产权流动和重组,不仅能提高资本经营的效率和效益,也是资本经营的方式和目标。

(4)业务方向不同。价格信号更能控制商品管理。资金运作主要受制于资本市场和资金收益。

(5)业务风险有所不同。商品流通,离不开产品。一旦市场需求改变,对企业来说无疑是沉重的打击。因此,企业应该拓宽产品思路,不断迎合市场,开拓市场,看准风头,激流勇进的同时,注重对风险的规避。

(6)发展模式各不相同。商品流通型企业的发展主要通过自我积累,创造更多的利润后将它变成资本,生产要素和生产能力得到增加。资本运作既要关注企业的内在累积,又要利用资金来实现公司的快速扩张。

资产经营与商品经营相辅相成,在企业经营方面,两者应有机结合。

货物管理是企业管理的基本形式和资本管理的基础,资本管理不能代替货物管理。有效地配置生产要素,不仅对企业市场份额的开拓有利,还能扩大行业经营,产生一定的规模经济,同时能有效规避经营风险。

3.2.6　营销模式系统架构的核裂变

营销模式是指人们在营销过程中采取不同的方式和方法。营销的方式有很多,一是关于市场,二是关于客户。

营销模式是一个系统,而不是一个手段或方法。从构建方式上来看,营销模式分为两大主流:

一是以市场细分法为基础,通过企业管理制度细分,归纳出营销模式;

二是以顾客整合法为核心,通过建立顾客价值核心,整合企业各环节资源的营销模式。

企业一般以企业为中心构建市场营销模式,或以顾客为中心构建整合营销模式,以整合营销构建顾客营销模式。基于这两大模式,围绕具体的营销过程,派生出众多的方法。市场衡量一家企业经营好坏的一个重要标准,是其最终营销业绩(包括销售额、市场占有率、利润、知名度等)的高低。企业的营销实力决定着其营销业绩的高低,70%的企业成败取决于其战略目标和营销策略,30%的企业成败取决于其营销组合。而营销战略定位是企业营销过程的核心。

营销模式的核心在于如何营销,能够把好的营销计划方案付诸实施,达到最佳营销效果,才是最佳营销模式。

1. 经验性营销

在宏观层面上,体验经济的出现是由于社会高度富足、文明、发达的结果。"体验"对那些仅仅满足了温饱或勉强达到小康水平的人而言,只是一种奢侈。从微观上讲,体验营销的兴起,是因为企业对产品和服务在质量、功能上的精益求精，以致顾客对特色和利益的追求有所淡化，而追求更高层次的"特色和利益"，即"体验"。

经验营销就是从消费者的感官、情感、思维、行为、关联五个方面对营销思维进行重新定义和设计。这种思考方式突破了传统的"理性消费者"假设，认为消费者在消费时是理性和感性的结合。消费者在整个消费过程中的体验是研究消费者行为和企业品牌运作的关键。

如果把咖啡当作"商品"来卖，一磅可以卖三百元；如果把咖啡包装成"商品"，一杯也可以卖到二十元；如果把咖啡加入"服务"，在咖啡店里卖，一杯至少可以卖到一百元；如果把咖啡包装成香醇和美妙的"体验"，一杯至少可以卖几百元。提高产品的"体验"含量，可以给企业带来可观的经济效益。

通常把体验分为五类，但在实践中企业很少进行单次体验的营销活动，一般把几种体验方式结合起来，称之为体验杂型。更有甚者，如果企业提供给客户的经验包含这五种类型，那么这五种类型就叫综合经验。一般而言，经验可分为两类：一类是单独存在于消费者心理和生理层面的经验，即个体经验，如感觉、情绪、思维；另一类是只有相关群体的互动，才能产生的经验，即共同经验，如行为、关联。

企业中的营销者常常需要一些工具来创造经验，以达到体验营销目标，我们称这些工具为体验媒介。经验营销的执行工具包括：沟通、视觉和语言识别、产品展示、共同打造品牌、空间环境、电子媒体和网站、人员。此外，五种经验模式在使用中都有其自然的顺序：感觉—情感—思想—行动—联系。"感觉"能吸引人的注意力；"情感"使体验个性化；"思维"能增强对体验的认识；"行动"能激发对体验的投入；"联系"能使体验具有更广泛的意义。

当前，许多企业在产品和服务的质量、特点、功能等方面搞得一塌糊涂，不仅没有给客户带来全新的体验，反而带来了消极的影响，造成消费者的厌恶。在传统营销理念中,企业重视"产品",但对符合质量要求的产品,消费者未必满意。现在的营销理念强调的是对客户的"服务",但即使服务令人满意,客户也未必忠诚。今后营销趋势将提倡"体验",企业只有给客户创造"难忘体验",才能赢得客户的信赖,维持企业的长期发展。我国一些非常优秀的企业可以直接转向体验营销,多数企业还需要对传统的特色和效益营销进行补充。

2. 单向营销

现在大部分商家都是一窝蜂地追求表面上的"一对一",教销售人员做到热情周到是一回事,至于真正掌握如何识别、跟踪和处理个别客户,进而达到产品或服务的"量身定做",那是另一回事。

"一对一营销"的核心理念是:围绕"客户分享",与客户进行互动对话,并"定制"。公司应从专注于市场份额转向专注于单个客户的"客户份额",专注于企业产品在客户所有产品中的份额,并努力提高这一份额。

理解"客户分担"的目的是区分客户,根据客户在未来一段时间内的购买计划与现有资金份额,可以按二维标准将客户分为三类,即"需要去争取""需要去培养""需要去维持",以便有针对性地开展营销活动,提供差异性和定制化的产品和服务。公司应"与客户进行互动对话",应了解客户个体及其消费习惯和行为,并通过双向交流与沟通来达到这一目的。

公司应该"自定义"。为了实现"自定义",企业无需对现有的产品和生产模式进行重大改变。公司可采用的方式有:捆绑销售,可在一定范围内变动配置,个性化包装,交货灵活,个性化售后服务,付款方式等。

当前,许多公司可能急于从"一对一"的学习关系中获得丰厚的利润,而忘记了一种基本的常识,即关系中的双方都要参与。从观念上说,"一对一营销"是直接邮购或电视直销的等价物,因此,"一对一"成为"单向销售"。

　　"一对一营销"的实施基于定制的利润比定制的成本要高,这就需要企业的营销部门、研发部门、生产部门、采购部门和财务部门相互协作。市场营销部要确定为满足客户需求而应达到的定制化程度;研发部要以最有效的方式重新设计产品;制造部要保证原材料的有效供应和生产的顺利进行;财务部要及时提供生产成本情况及财务分析。

3. 全球化本土营销

　　全球性营销是指在全球范围内采用统一的标准化营销策略,适用前提是各国市场相似,具有规模经济等优势。地区性营销是指针对不同地区市场的不同需求,量身定制相适应的营销策略,在各市场之间存在较大差异的前提下使用,优点是营销效果好,成本高。

　　将以上两种模式结合起来的全球地域性营销模式,在营销实践中,能够综合二者的优势,是"全球化思维,地域性行动"策略。

　　企业为了在全球本土化营销中取得成功,最重要的一步就是仔细研究各个市场,找出不同市场的共性和差异。但是营销模式在不同国家实施时要做适当的调整,这样才能满足各个市场不同的需求,占领更多的市场。

　　快速发展的资讯科技让世界变得越来越小,大大推动了全球一体化的进程,全球本土化营销策略也随之诞生。尤其在中国经济迅速发展时期,全球本土化营销有进一步发展为全国性本土化的趋势。

4. 关联营销

　　在关系营销中,企业将营销活动视为与消费者、供应商、分销商、竞争对手、政府机构和其他公众进行互动的过程,核心是建立和发展与公众的良好关系。对一个公司来说,满足客户的需求是生存的首要条件,但企业也要时刻关注竞争对手的变化,以便超越竞争对手。企业在与竞争者的竞争中应考虑自身的成本状况,努力做到适度领先。

　　在大型企业中,企业营销要"体验客户经验",要认识到影响客户行为的因素有：员工的态度、企业的特殊事件、客户的超值期望、客户的情绪反应等。在这些因素中，客户的期望和情绪反应是外部因素，员工的态度和特殊事件是企业的内部因素，能够影响外部因素，但企业只有努力改善内部因素，才是根本的解决方法。企业要有完善的制度和流程，要有训练有素的员工，要充分调动和满足客户的期望，要对客户的情绪和反应做出恰当的反应。这样，才能最大限度地满足客户需求，制度化地培养客户忠诚。具体来说，就是企业利用非正式场合，利用秘密客户，安排代表为客户工作。

经理应该留出一点时间来倾听客户的真正需要。企业要建立一种非正式的员工倾听文化，并有相关的制度保障，同时建立一个正式的客户对投诉的反应机制。为做到这一点，需要遵循以下几个步骤：第一，向员工解释外出与客户沟通的重要性，倾听客户的意见；第二，每天至少与客户沟通一次；第三，鼓励员工走出办公室，尽可能定期拜访客户；第四，做一些因倾听而改变的事情，让倾听更有意义。做每一件事都会变成一个倾听的循环：管理者决定倾听，然后去发现倾听的方法，再到倾听的行为，再到根据听到的信息做出改变，最后再回到决定倾听。公司在倾听的循环中不断了解客户，不断改进工作方法。

5. 商标营销

全球知名广告大师大卫·奥格威斯对品牌作出了如下解释：品牌是一个复杂的符号，它是品牌属性、名称、包装、价格、声誉、广告方式等无形的总和。与此同时，企业根据消费者对他们所用产品的印象，以及他们自己的经验来定义品牌。

瑞典皇家科学院把 2001 年度诺贝尔经济学奖颁给了三位在"信息不对称市场分析"方面作出贡献的美国经济学家。

非对称信息理论为我们开拓了全新的视野。资讯不对称现象无处不在，正如各式各样的名牌一样，对名牌的推崇也在印证着这一理论：

一般而言,任何一种市场中,消费者比生产商更容易获得产品的信息。这种现象的存在,使信息不完备的弱势一方对交易缺乏信心,交易成本高,解决办法就是品牌。

在产业由卖方市场向买方市场转变的过程中,产业增长方式由量的规模型向质的效益型转变。在转变过程中,品牌作为一股重要力量,对市场竞争的成败起着巨大的作用。具有影响力的品牌能够征服消费者,赢得更大的市场份额。这种现象已经在家电、服装等行业得到了很好的体现。商标的竞争是以品牌形象和价值为核心的竞争,是一种全新的竞争格局。

那么,如何树立自己的品牌?

步骤一:卓越质量支持。企业必须把质量作为树立形象的根本。所谓质量,就是一个综合素质的概念,包括工程素质、文化素质、物业管理素质等。

步骤二:分析产业环境,寻找差异化概念。首先要了解市场上的竞争对手,了解他们在消费者心中的大概位置,以及他们的优缺点。然后,需要寻找一种能使自己与竞争对手区分的概念。

步骤三:整合,持续推广和应用。企业只有通过传播,才能把品牌植入消费者的头脑中,并在应用中建立自己的品牌。企业在各方面的传播活动中,都尽量体现出品牌理念。

6. 深入营销

深层次营销,是指企业与顾客进行深度的沟通、认同,从关注人的显性需要向关注人的隐性需要转变的一种新型的、交互式的、更加人性化的营销新模式、新理念。让顾客参与企业的营销管理,给予顾客无穷的关怀,与顾客建立长期的合作伙伴关系,通过大量的人性化沟通工作,使自己的产品品牌产生"润物细无声"的效果,维持顾客长久的品牌忠诚度。从产品设计到产品销售,在产品生命周期的每一个阶段,都要体现人文关怀的色彩。

深度营销的核心,是要抓住深度这个词。深度营销模式引入企业的一般流程为:

选育生产能力或开发潜力大,具有比较优势,适合精耕的目标市场;

对区域市场进行深入调查,建立区域市场数据库,通过市场分析,找出开发的重点和突破口,制定有效策略和完善实施方案;

加强区域营销管理平台,实现营销前后的整体协同,整合对市场的反应机制,提高对市场反应的速度和能力;

选取并识别核心客户,开发并建立覆盖区域的零售终端网络,构建区域价值链;

通过整合营销资源,提供综合服务和指导,不断深化关系,扩大影响,获得营销价值链优势。

企业营销链的管理者,领导渠道成员要加强协同,提升整体竞争能力,冲击区域市场第一位置。根据所获得的经验和能力,企业适时滚动复制推广。

深度营销管理模式的引入和实施应注意以下几点:

第一,企业要把营销资源集中到竞争的关键环节,运用杠杆效应,整合流通市场资源。

第二,市场营销领域的变革,需要企业整体的系统协同,注重变革的艺术,"有序变革,因势利导,循序渐进"。

第三,企业高层认同,思想统一,采取自上而下,全员参与的变革方式,保证企业力量和执行能力强。

第四,市场营销学的艺术性决定了模式的有效性,这是以团队能力为基础的,注重顾问团队的建设。

由于长期存在着市场规模大、发展不平衡、地区差异大等特点,深层次营销模式仍将是国内市场的主导模式。

7. 互联网营销

互联网的本质就是一种商业信息运作。我们所说的商业信息是可以分解成三个要素：商品信息、交易信息和感觉信息。无论是哪种商业交易，实际上都包含这三种信息。而互联网的营销方式就是根据企业经营的不同阶段，制定不同的信息运作策略，实现以网络方式为主的营销设计和运作。

客户和企业之间的信息交换循环，按照不同的阶段，循环不同的信息要素，分别对商品信息、交易信息、感觉信息等三个要素进行定制化处理。

第一，商品信息的循环。企业和客户之间进行商品信息的交换。在这个循环中，关键是要让客户达到海量，传统的做法是通过媒体广告、店面或经销商铺张等方式进行，而网络营销主要是通过网站宣传或电子邮件定向发送来完成。

第二，商品信息的定制交换。企业发送定制信息给客户，客户收到定制商品信息后，与企业进行交易。在第二个周期中，主要是在第一个周期中所获得的意愿与企业交换或交易的客户信息，但这种客户信息也必须达到一定数量才能定制商品信息。

第三，交易信息的固定交换。即使客户产生多次购买。就像前一个循环一样，在客户群达到一定规模的情况下，这种循环是必要的。

第四，感觉信息的定制，或称为服务信息的定制，使得不断购买的老顾客可以获得不同的服务感觉。

以上各周期中，经过各种定制化处理，与企业进行交易的客户占客户总数的比例逐渐增加。

企业在运行模型时有几个关键点。

第一个关键点，要实现客户定制化。首先要解决的问题能使客户群达到一定的规模，否则不仅不能起到营销的作用，还会增加运营成本。

第二个关键点,营销方法创新必须与运用信息处理工具的能力相结合。企业管理者要考虑当数据量大的时候,企业是否有能力进行定制化处理。

第三个关键点,客户导向的企业文化是必不可少的,否则不能持久。

在这一模式中,时间是最关键的因素,而用金钱来换取时间的方式已经被证明是错误的。

8. 刺激点营销

一个企业能否赢得消费者的青睐,取决于企业是否对消费者进行了深入分析和研究,对他们有多了解,以及他们是如何决定购买某一商品的? 解开这一谜的关键是,必须有效地使用"正确且意想不到的"兴趣点的方法,在消费者的头脑中寻找他们对产品期望的核心点在哪里,并通过定位策略,在消费者头脑中建立差异化品牌印象。

通过数据库结构,可以使用以下工具。

运用明星、金牛、狗类、鸿雁等矩阵,将消费者按购买数量和购买频率分为四类,找出四类消费者购买动机的共性。

在通过第一矩阵归纳出功能和面子的共性后,即进入了工具的第二阶段:意识。操作方法为,邀请以上明星、金牛、鸿雁三种消费者代表参加测定,至少分成两组进行。为模拟购物,可以将品牌系列产品放在室内,让他们进行比赛,比赛的内容是当他们想要购买该产品时,把他们头脑中产生的第一个想法写在纸上,看谁能在最快的时间内买到该产品。通过这种方法可以获取一些消费者在购买时的动态数据,然后用"兴奋点写真"来描述这些数据。

竞争评价确定:竞争评价的兴奋点评价策略是在竞争或促销过程中,对竞争客户和已有客户进行评价,观察消费者对竞争消费者的反应程度、竞争消费者是否有转化倾向、自身已有消费者的支持率和是否有被竞争消费者转化的倾向,修正竞争消费者的竞争消费者评价。

　　明测写真：测试完制作终端明测广告（POP），以第一意念"兴奋点写真"为基础，在试点地区发行。观测广告发布后，消费者欢迎度、购买次数与购买次数的变化，撰写"市场明测兴奋点写真"，提交公司跨部门团队备案。

　　确认兴奋点：兴奋点确认后提交企业最高决策部门，然后抄送生产、经营、市场、销售、公共关系等部门，根据战略计划，完善利益支撑点。这些看起来简单得难以置信的概念，也许是许多企业能成为世界上著名企业的方法之一。

9. 数据营销

　　从单纯的大众营销到品牌营销的宏观运营时代已经结束。数据库营销作为一种个性化的营销方式，将成为企业获取、留住和发展客户过程中不可缺少的企业能力和有力工具。

　　数据库营销的核心要素，是搜集、整理、分析客户有关资料，找出客户沟通的对象，消费及服务对象，有针对性地进行营销及客户关怀活动，以扩大市场占有率及客户占有率，提高客户满意度及忠诚度，取得企业与客户的双赢局面。

　　在实施数据库营销时，企业需要在整体战略上与服务理念、企业结构、人员素质、信息化等方面进行协调。

　　企业进行数据库营销的基本策略包括：

　　发展企业接触客户的主要沟通方式；

　　构建完善的客户服务体系；

　　找出那些高品质的客户，努力培养他们的忠诚度；

　　确定营销活动的经济价值，计算客户终身价值；

　　对发现的客户特征进行分析，找出群貌，并用于复制；

　　继续进行检验，使每一次营销战役都成为企业了解客户的机会；

　　转变企业认知、人员角色和绩效体系，使其适应新的企业—客户关系架构；

建立专业队伍，有效地管理数据库，不断充实、更新营销数据库。

数据库营销将与一对一营销、客户关系管理等融合在一起。数据库营销所代表的量化、个性化、数字化、有针对性地为客户提供服务的思想，将成为大多数企业达成与客户互动共识的先决条件。而企业对拥有这方面能力的营销和管理人员的需求必然会迅速增加。

10. 文化推销

企业在发展过程中，如果缺乏文化营销，是很难获得长足发展的。企业文化营销强调企业的理念、宗旨、目标、价值、员工行为准则、经营管理体制、企业环境、企业力量、品牌个性等文化要素，核心内容是理解人、尊重人、以人为中心，调动人的积极性和创造性，关注人的社会性。那么，什么是文化营销呢？

从广义上说，文化是人类在社会历史实践过程中所创造的物质和精神财富的总和。文化是指社会的意识形态和企业结构。在市场营销中，文化营销是指企业以文化为主体进行营销的行为方式。

按照文化营销理念，企业的营销活动一般遵循以下几个原则：

赋予产品、企业、品牌以个性化丰富的文化内涵；

注重社会文化和企业文化，而不是产品和市场；

致力于从文化的角度，人的地位考虑和检验企业的经营方针。

因此，企业在文化营销的实施过程中应注意下列问题：

一是人性，也就是说，满足人的精神需要；

二是个性化，也就是有企业自己的声音；

三是社会，要充分挖掘社会文化资源，回归社会；

四是活力，也就是营销技术要灵活、创新，容易传播；

五是公益性，也就是说，销售活动必须有利于社会公众，形成 1＋1＞2 的社会价值。

企业文化营销总体构想的操作步骤：

概述文化概况；

研究文化变迁；

吸收文化理念；

塑造文化潮流；

拓展文化外延；

发展文化创意。

全世界都在消费麦当劳，实际上消费的是美国的快餐文化。但作为优秀品牌，它在推销产品的同时，本质上也在推销一种生活方式，推销一种文化。

11. 连锁

关于连锁店，企业面临着一个关键问题，就是如何将连锁店进行复制扩展，从而使企业规模不断扩大。核心要素就是具有完整的克隆功能。连锁经营在经营过程中需要对企业模式进行复制，从而完成企业的连锁发展。

但是，企业应该如何复制自己的企业模式呢？复制企业的哪些经营特色和经营模式，并且应用到新的门店上呢？

有一次，我听到这样的事情，非常钦佩。一家国内连锁店的老总和总经理亲自到美国著名的 HOMEDEPOT（家庭中心）专修一年，从收货部、商品部到顾客服务部都干了一遍，甚至连收银台的高低大小都量了回来。当然，我们不是要求每个人都做得这么好。但"罗马不是一天建成的"，外国超市也是经过几十年，甚至几百年的艰苦发展，才形成现在的规模的。现在做连锁店的师傅都来"抢我们的饭吃"了。中国的连锁企业是不是把市场份额让给别人？或者是真正把握连锁的本质，把自己的企业做强做大，与之竞争？

运用连锁这一工具，企业应从以下几个方面入手：一是有针对性地梳理自身的问题，了解自身的实际能力和现状，扬长避短地发展；二是对自己的成功经验或所谓的核心竞争力进行总结，进一步提炼，制定自己企业的标准管理流程，以便企业进一步发展扩张；三是进行连锁扩张，企业要了解自身的实际情况，要因地制宜，不能盲目照搬。

12. 直销

直接销售模式，实质上就是通过简化、消除中间商，降低产品的流通成本，最大限度地满足客户的利益需求。非直销模式下，有两支销售队伍，一是制造商到经销商，二是经销商到消费者。

我国对直销的定义是：生产厂家在向公众表达某种诉求的基础上，直接与目标顾客进行沟通，以达到实际消费的营销活动。直接销售具有三个要素：

支持公共消费意识；

建立和形成一对一的关系；

实地展示和集中宣传。

因为企业直接面向客户的直销减少了仓库面积，消除了呆账，没有经销商和相应的库存带来的额外成本压力，所以能够保证企业和客户的利益，从而加快企业发展速度。

企业要做直销，首先要深入研究客户的需求，而非竞争者的需求，通过细分市场，提供多样化的产品，切入市场；增加直接销售的触角，保持与客户的互动，如网上直接销售、电子商务、DIY 订购、电话直接销售等；还要有管理直销团队的科学方法，保证销售团队高效运作。目前，安利的商店＋直销模式和戴尔（Dell）单品直销模式是目前最成功的两种直销模式。安利是以提高顾客和员工满意度为其直销的核心要素，不断开发新产品以满足顾客需求的异质性。

无论是安利模式，还是戴尔模式，合理利用广告渠道，增加与客户的沟通是非常必要的，而所谓的直销型忽略宣传费用而使客户需求成本降低，则是错误的。如果企业不与客户进行有效沟通，就很难开发出有需求的潜质产品，更别说提高客户满意度和公司业绩了。

直销会减少流通环节，提供满意产品，通过 DIY 接受订单，采用 OEM 虚拟经营，遵循 6Σ 原则，不断丰富直销的内涵，采取 C to P（公司对个人）或 P to P（个人对个人）模式。直销企业采用合理的、充分理解国家政策、市场特点、非纯模式化的直销方式，为直销企业永续经营保驾护航。

13. 营销模式创新

事实上，市场上的企业竞争只有两个原则：要么为顾客提供更多更新的价值，要么比竞争者更有能力。而营销模式的创新与重构也必须回到这两个落脚点，即企业营销的基点——顾客＋竞争。根据菲利普·科特勒的经典营销理论，顾客让渡价值最大化原理所阐述的就是这一原理，顾客并非单纯对价格敏感，而是根据让渡价值最大化的原则，选择对价值敏感型的顾客。

顾客让渡价值如何计算？表达式为：顾客让渡价值＝顾客总价值－顾客总成本。在这些因素中，顾客总价值＝产品价值＋服务价值＋形象价值＋人员价值；顾客总成本＝货币价格＋时间成本＋精力成本＋机会成本。

哪个企业的顾客让渡价值越大，它的竞争优势就越强，它的议价能力就越强。因此，企业如果不能给顾客更多的让渡价值，就只能打价格战，很难赢得利润。前不久，轰轰烈烈的团购网站打价格战就是明证。对普通消费者而言，不同的团购网站所获得的让渡价值是一样的，因为产品和服务的价值是一样的，所花费的时间、精力和机会成本也是一样的。在这样一种同质化竞争的状态下，团购网站只能进行价格战和促销战，没有盈利就成了必然。

因此，所谓的企业营销模式创新，同其他商业模式创新一样，都是寻找提高顾客让渡价值的源泉和途径。提升客户的整体价值,就是发现和关注目标客户的现实或潜在需求,通过产品和服务的设计、组合来满足这些需求,同时注重有效传播和互动交流,提升品牌形象,从而提高客户的价值感知;降低客户的整体成本,就是围绕目标客户的消费行为,优化产品交付、信息查询、服务提供等环节的方便、快捷和可靠性。可以说,一种成功的市场营销模式至少在某一个方面表现出色。

14. 营销主要创新方向和类型

新的消费者群体和需求的产生,新的传播技术和媒体的出现,新的物流和结算方式的应用,以及基于信息技术的管理变革等,使企业的营销环境发生了根本性的变化,也催生了各种营销模式。但是,企业营销归结起来,有三种创新方向范式:顾客价值倍增型、应用新技术型、资源整合型的营销模式创新。

客户是推动企业营销模式创新的主要动力。随着市场竞争的加剧,企业对营销策略组合和业务活动安排的快速调整,客户有了新的需求,新的购买行为,促使营销模式的创新应运而生。

七八年前,消费者在家中装修时,多以买瓷板、瓷砖为主,注重其产品的耐用、易清洁、防滑、抗菌等功能,追求物美价廉的高性价比。因此,大多数厂商的营销模式都比较简单——统一标准的产品,覆盖广泛的大区代理,高空广告造势,阶段性旺季促销。如今顾客群发生了很大的变化:一是 "90 后" 结婚的多了,他们不仅注重产品的质量和功能,而且注重风格的个性和时尚,不仅要服务方便,而且要价格合理;二是买第二套房的中年人多了,消费升级了,"不差钱" 的中年不仅要求产品品位和档次高,更需要全方位的服务。这样,企业原来单纯依靠 "低价、高价" 的营销模式自然会失效。

3.3　驭人篇：管理、团队、股权、机制

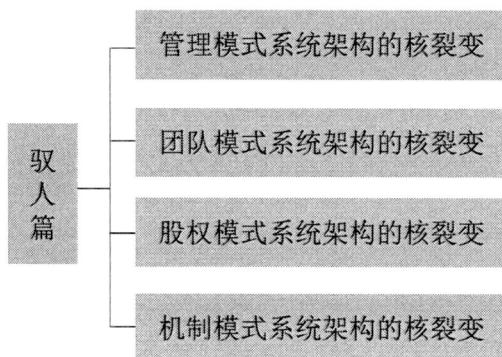

3.3.1　驭人之法的四大层面

其实，很多时候，一个平凡的人，带领一群平凡的人，最后成就一件不平凡的事。成事还有一个关键要素，就是驭人，不仅是将人管理好，更要看透人心。

作为企业的领路人，驭人之法要做到以下四个方面。

一是管理模式系统架构。每个企业都会形成自己独有的管理模式。比如，阿里巴巴，有自己的企业文化管理模式；华为公司，管理模式

的核心是人才管理能力。《华为基本法》强调：人力资本不断增值的目标优先于财务资本增值的目标。人才选配之道在于精准选择，合理配置。杰克·韦尔奇也在自传中提及，他曾用了 30 年时间，才有了 80％ 的人才甄别率。与其浪费时间在与企业价值观不符的人身上，还不如将机会给予那些与企业核心价值观一致，虽然能力有限，但还有进步空间的人身上。这群人往往会成为企业的中流砥柱。任正非说过，用一个人，不在于看他的能力强弱，而是他的能力是否与要求其做的事匹配。

二是团队模式系统架构。小米的团队是扁平化的两级管理，从一个工程师到公司 CEO 雷军。除此之外，还有其他的团队管理建设，我们可以选择一种更符合公司实际情况的团队模式。

三是股权模式系统架构。很多人倾向于把股权归类于资本，其实股权解决的不是资本问题，其核心在于解决人的问题。企业用股权去窥探人心，去分析他的能力，从而达到吸引人，留住人的目的。

四是机制模式系统架构。企业的管理机制重点在于运营，而团队的运营在于激励。

如果企业家不能在上述四个层面上突围，人的问题就无法解决，则事不能成。

楚汉争霸是驭人最经典的案例。一方是楚霸王项羽，"力拔山兮，气盖世"；另一方是手无缚鸡之力的小小沛县县长刘邦。最终是刘邦获得了胜利，开创了汉朝，而曾意气风发的霸王项羽却落得乌江自刎的结局。刘邦的个人能力一般，但他手下有许多得力干将，张良、韩信、萧何、陈平、樊哙、夏侯婴都是西汉的开国功臣。

成事之前，夏侯婴只是一个驾马车的车夫；樊哙，是菜市场买卖狗肉的贩子。这样一些人组成的"乌合之众"怎么能建立起汉朝 400 多年的基业？刘邦可谓是驭人有术，不仅能让手下的人对他忠心耿耿，也能让他们为他的建国大业尽心尽力。当韩信收复了齐国,他飞鸽传书给刘邦,说齐国被攻打下来了,却没有一个能够管理的人,问是否他能被封为代齐王,代为管理齐国的事。刘邦大笔一挥,直接封韩信为齐王。这就是一种激励,也是刘邦能成功的原因。

而楚霸王项羽失败的原因可归结为两点。

一是他自身的原因,个人英雄主义倾向严重,没有远大的抱负,只为杀秦复仇,缺乏宽宏大量的气度。

二是他刚愎自用,用人不信。当年楚怀王跟各路诸侯说,先破秦入咸阳者王之。项羽到达函谷关之时,发现已有刘邦的军队把守,对此十分恼火,在范亚夫的提议下设下鸿门宴,打算诛杀刘邦。刘邦彼时驻军霸上没入关中,因张良对项羽的叔父项伯有救命之恩,得到项伯的通风报信,刘邦决定第二天赴宴请罪。项羽认为,刘邦不足以为惧,不听范增之言,让刘邦乘机逃回营地。项羽失去了战事的先机。

3.3.2　管理模式系统架构的核裂变

经营方式是指企业在长期的经营过程中,在一定时期内,逐渐形成了一系列的管理体制、规章制度、程序、结构和方法。随着社会和企业的发展,经营方式也在不断地调整和变化。

企业经营者的管理类型:

1. 亲情化管理模式

这种管理模式通过使用家族中非常重要的功能——内聚功能,作为企业管理的手段。在我国,创业阶段中的企业,家庭管理模式对企业的积极影响几乎达到99%,而当企业超过创业阶段时,负面影响也会达到近99%。

2. 温情化管理模式

这种管理模式强调,管理能更好地调动人的内在能力。企业强调人情味在管理中是有正向作用的,但是不能将其视为企业管理系统的第一原则。人文关怀和企业管理是相辅相成的关系:过分强调人文关怀,不仅损害企业发展,更有可能使企业管理失控,甚至破产。

3. 随机化管理模式

这种管理模式实际上主要有两种形式:一种是在私营企业中实行专制管理;另一种是针对国有企业进行行政干预,意味着政府可以干预国有企业的经营活动,但有时会导致企业管理的随意性大。

4. 制度化管理模式

这种管理模式一般需要依据一定的规则,对公司的经营管理活动进行规范。在这个基础上,充分吸收和利用其他几种管理模式中的有利因素,这是未来企业管理的目标模式。

5. 系统化管理模式

通过建立七个涵盖战略远景管理、分工职责、薪酬设计、招聘、全员培训、绩效管理和员工职业规划的核心系统,实现企业的规范化、系统化和整体化管理。

3.3.3 团队模式系统架构的核裂变

一种企业文化造就一个企业团队。许多企业正在构建自己的团队文化,但是有几个像斯巴达人那样能够构建优质的团队文化? 公司团队成员虽然不需要为了公司的利益上刀山下火海,但至少公司的文化内涵应渗透到每个员工的心中。企业应将团队文化转变为团队员工的潜能,把分散的个体成员,凝聚成一股绳,创建一个真正有效的团队,展现团队文化的力量。

企业团队应该拥有相同的目标,但是大多数都只停留在口号上。只有团队成员理解和认同企业的核心思想信念,企业才能牢牢抓住团队中每个成员的心。

团队是企业经营的实施者,他们提出意见,提供服务,实现目标。从远古狩猎时代起,人们就学会了团队合作。随着社会的不断发展,越来越多的企业在工作流程中加入了不同规模和类型的团队建设。

对管理者而言,理解企业团队的形式,是非常有必要的。

(1)功能团队。在此模式下,不同的团队在企业中有不同的职能。每个团队成员都来自同一个部门,是需要经常联系的员工。团队由经理负责,让他的下属来向经理汇报工作。这种形态往往是永久的。

(2)跨功能团队。这个模式中的团队成员一般是来自不同职能部门的员工。不同领域的专家聚集在一个团队中,这些人基本上都是同一级别的人,可以自己做决定,通常是一个临时的机构。

(3)管理团队。在这个团队中,管理层起着指导业务决策的战略作用。他们由来自不同部门的领导组成,目标常常与公司整体的任务和愿景相关联。

(4)自主驱动型团队。这样的团队不需要管理就能运转,而且没有任何一个人是领导者。这种团队模式,就是要为员工创造一个去权力化的氛围,培养他们的自主性。它起源于1950年的英国和瑞典,在美国得到了发展。调查表明,处于自主驱动型团队的员工对工作的满意度较高。这种模式有助于增强员工自信心,让他们的工作能力在工作中不断得到提升。

(5)虚拟团队。这个模式中,团队由位于不同地理位置的员工组成,他们可能来自不同的城市,甚至国家。在不同的技术领域中,团队成员之间达成目标的目的更多是确定的任务,而非社交互动。

(6)质量团队。在这种模式下,团队成员要提前介入,及早分析、发现并解决出现的问题。总的来说,这种模式是为了最大限度地改善企业业绩和管理水平,这也是日本大公司对质量管理的要求。

(7)任务聚焦型团队。这种类型的团队为了完成某项具体任务,一

般是由专家组成的跨部门团队。他们往往具有较强的主观能动性,不
需要经常请示上级领导。

此外,团队的规模也是十分重要的。大量的研究报告表明,如果一
个团队的成员超过 12 人,那么整个团队会失去效率。

3.3.4　股权模式系统架构的核裂变

股权激励是以企业股票为基础,对管理人员和员工进行长期激励
的一种激励机制。企业有了股权激励,被激励者可以作为股东参与企
业的决策,分享利润,从而竭尽全力服务于公司的长远发展。

股权激励是在美国诞生的一种长期薪酬激励制度。20 世纪 50 年
代自美国辉瑞公司首次尝试股票期权计划以寻求合理节税以来,该制
度已在全球推广开来。20 世纪 80 年代,欧美等国开始出台相关的法律
法规,为股权激励计划提供税收优惠,使之成为美国大型上市公司普遍
采用的一种激励高管的方法。

股权激励在中国盛行于 20 世纪 90 年代。因为当时我国的相关法
律法规不够完善,大部分国内企业不能执行标准的股票期权计划,于是
出现了上海仪电模式、武汉模式等。这两种模式都具有一定的时代性
和局限性,无法称之为真正的股权激励。

伴随着我国股权分置改革以及逐步完善的资本市场环境,为进一
步实施股权激励奠定了基础。

2005 年 9 月 30 日,《上市公司股权激励管理办法(试行)》由中国证
监会正式发布,它为我国建立上市公司的资本激励制度提供了明确的
指导和运营标准,使股权激励真正进入运作阶段。2006 年 2 月 15 日,
财政部颁布的《企业会计准则第 11 号——股权支付》文件中,对股权
支付的确认、计量以及相关信息的披露等方面进行规范,但《企业会
计准则第 11 号——股份支付》规定过于简单,加之许多企业不能充分

按照《企业会计准则第 11 号——股份支付》实施股权激励,甚至利用《企业会计准则第 11 号——股份支付》的漏洞进行利润操纵。因此,我国股权激励在会计确认、公允价值确定和信息披露等相关问题上,仍然存在一些争议。因此,研究股权激励显得十分重要。

3.3.5　机制模式系统架构的核裂变

企业经营机制是推动、调节和制约企业系统中各生产要素正常运作,以达到企业目的的功能系统。经营机制是指企业管理系统、技术创新系统和财务系统的运营流程中各个内部环节之间的相互联系和相互约束的结合体。

企业经营机制的主要组成部分,涉及企业生产经营的供、产、销的决策、计划、控制等各个环节。企业通过分权明确、责任明确、利益调整,完善企业运行机制,使责、权、利在企业内部有机统一。它的完善过程,包括对企业决策体制、领导体制、分配体制和内部管理体制的深入调整,都是企业改革的进一步深化。

关于企业经营机制是什么,经济理论界对其定义有不同的说法,概括起来大致有以下几个观点。

(1)在投资转型过程中,强调企业的各种职能和流程。商品经济学里,企业必须是一个高度适应和集成的系统。该系统必须包含投资资本、技术、信息和人员、生产商品、提供服务,并产生经济能量。企业运作过程中,确定材料、能源和信息以及方法的经济体系,称之为公司运营和发展的运行机制。

(2)按照既定标准,强调企业经营的内部机制。企业的业务流程是参照现有的基本财务制度和经营体系,从事生产经营的公司资产管理、策略、激励、规范、协调等机制与运作方式。

(3)强调决定企业内部财务结构之间关系的因素。企业的运作方式取决于企业内部财务结构之间的关系,反映在企业业务活动中的自我调节能力,这也是企业的内在特征。

(4)强调企业内部各组成部分或者系统之间的关系与运作。一些学者提出,企业运行机制包含企业内部各项要素之间相互联系、制约、促进,从而共同发展的一系列运行机制。也有学者表示,企业中,各项因素发挥各自的功能且相互约束,由企业运行机制决定。因为企业的运作功能不是单一的,而是由多种功能相结合而形成的"功能系统",可见,企业的运作机制是由多种机制相结合而形成的"机制系统"。

企业作为一个拥有多功能且复杂的体系,内容是多种多样的。由于研究角度的不同,对运行机制内容的表达也不一样。比如,从系统理论的角度研究企业的运作机制,企业是一个不断输入各种要素,产生商品和知识的系统。该系统的操作包括输入机制、转换机制、调整机制、输出机制和反馈机制等五个方面。从资源配置效率的角度对企业的运作机制进行研究,资产转移机制、劳动力流动机制和破产兼并机制将成为基础研究的内容。

在市场经济体制下,建设新型的企业运行机制有以下两个驱动:

一是行政驱动,一般是指传统体制下的企业经营机制;

二是利益驱动,以尊重经济行为主体的利益追求为基础,重构新的企业运行机制,这是市场经济的内在要求。

3.4　安心篇：以心为本，敬天爱人

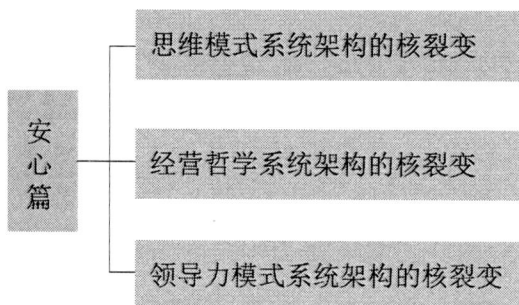

```
          ┌── 思维模式系统架构的核裂变
    ┌───┐ │
    │安│ │
    │心│ ┼── 经营哲学系统架构的核裂变
    │篇│ │
    └───┘ │
          └── 领导力模式系统架构的核裂变
```

3.4.1　上市起始于心

　　安心分为三个层面，思维模式、经营哲学模式和领导力模式。只有将这架构的三个定点做到，才能建立内心的安宁。

　　万物起始于心，终止于心。只要心中有想成事的念头，未来则能成事。宇宙的真谛，即是先想要，而后得到，起始于心念，如果连这个念头都没有，何谈成功。因此，企业上市先要把一颗心安抚，要从思维模式，经营哲学模式和领导力模式这三方面入手。

3.4.2　思维裂变：养心

王阳明，明代时期的哲学家和思想家，"心学"的集大成者。"心即理""致良知"是其"心学"的核心。"无善无恶心之体，有善有恶意之动，知善知恶是良知，为善去恶是格物。"这四句话，简单又深刻地表达了王阳明对"心"的阐述。在王阳明即将去世的时候，他的弟子问他，是否有什么话要告知芸芸众生？王阳明答：此心光明，亦复何言？这句话留给我们自己去领悟。

王阳明的"心学"影响了许多企业家和政治家。他 12 岁的时候，曾作了一首诗，名为《蔽月山房》。

山近月远觉月小，便道此山大于月。

若有人眼大如天，当见山高月更阔。

如果山很近，而月亮又很远，那么人们觉得月亮就很小，因此人们说山比月亮大。如果人的眼睛跟天一样大，他们会发现不仅山高，而且月亮更大。眼界、心界如果足够开阔，看眼前的事物可能是另一番风景。

做人、做事，最重要的就是"养心"。只要有一颗上市的心，才能有机会成为上市公司。稻盛和夫，穷尽一生积累，写了一本书《心》。"万物，始于心，终于心。"作为一名企业家，要有一个大的格局和大的愿景。这不叫成功学，学习的是成功背后所展示的"心"的力量，给每个人注入一股力量。在经营企业的过程中，都会遇到许许多多的艰难险阻。我认为，中国的企业家都是"孙猴子"，用 72 般变化度过九九八十一难。上市，未来的企业都会上市。上市只是一件小事，要经历的是这个锻炼自身的过程。

3.4.3　经营哲学：以心为本

稻盛和夫，是享誉全球的实业家、哲学家。他一生做了三家世界500强企业，其一整套经营哲学为中国，乃至全世界的企业家所称道。

1932年，稻盛和夫在日本鹿儿岛出生。他从鹿儿岛大学工学部毕业后，于1959年创立了京瓷公司，原为京都陶瓷株式会社。1984年他创立了继日本NTT之后的第二大电气公司KDDI，即第二电气株式会社。两者都已进入世界500强。日本航空公司作为日本国家航空公司，濒临破产。为挽救颓势，时任日本首相鸠山由纪夫邀请稻盛和夫出山。彼时的稻盛和夫在做成两家世界500强企业以后已经"归隐山林"。在日本首相的再三劝说下，以及为了避免日本航空公司的5万职工流离失所，国家经济的投入化为乌有，稻盛和夫决定出山。2010年在担任日本航空株式会社主席仅仅一年的时间里，稻盛和夫扭转了日本航空公司的亏损。

稻盛和夫经营哲学的核心是"以心为本""敬天爱人"。在《干法》中，稻盛和夫有句名言：人的一生正是为了磨炼灵魂，必须为社会、为世人尽力，必须破除私心，而去为他人尽力行善，付出自我牺牲。正是这种纯粹的利他之心，才让他屡创辉煌。如果他只有经营手段，怎么会有今天重生的日本航空公司？因此，可以说，经营哲学对企业不仅重要，而且还具备力量。

稻盛和夫的这一套经营模式名为"阿米巴"。阿米巴管理的核心理念：以人为本，以理为先，以家为根，以梦为源。我国许多企业正遭受着大企业病等一系列阻碍。而阿米巴的经营方针旨在充分发挥团队成员的创造力，将大企业的计划和小企业的优势融为一体。但是，如果不能深刻理解上面所说的四大核心力量，纯粹地照搬方法，也许还会有更严重的"大企业病"。只有经过中国优化的"阿米巴"，才能最大化发挥其作用。

3.4.4　领导力：心大

福布斯杂志曾报道，像黑石集团这样的私募股权公司早已代替高盛和摩根大通等投资机构，成为华尔街之王了。黑石成立于 1985 年，经历了多次金融危机，始终屹立不倒。它的业务之中，私募股权、房地产、信贷都是行业之首。

黑石的创始人，苏世民，是一名外国人，而非中国人。苏世民是他的中文名，Steve Schwarzman 才是他的本名，他出生于宾夕法尼亚州的一个犹太家庭。他与中国政府的关系很好，在中国清华大学还建立了一所苏世民学院。苏世民认为，无论做大事抑或小事，难度级别是一样的。因此，在这两个选项面前，大多数人还是会选择做大事。做大事，要心大，要有一颗强大的心脏。

说到心大，难免要提及孙正义。这个人心挺大，个却不高。1982 年，他开始创业。当时全世界的软件行业都在发展，他也看准了这个行业，做起了软件买卖，创立了一家公司，名为 softbank，我们一般称为"软银"。公司成立初始，他就跟员工讲述了公司未来发展的愿景。有的员工觉得他的脑子是不是有问题。事实上，5 年后的软银确实是全日本第一的企业。孙正义的"心大"还体现在对公司的规划上，不是 5 年的计划，而是长达 300 年的企业规划。这得是一颗多么强大的心，多么开阔的眼界才能做到的呢！

同一时期，有个人名叫马斯克。他思考的问题截然不同：未来 200 年，地球会不会就不存在了？如果地球不适合人类生存了，能不能移民火星？这是一个 12 岁的孩子在思考的问题，12 岁的马斯克。他常常思索，什么是人类所面临的本质问题，以及什么因素将影响人类的未来。经过研究，他决定进军可持续能源、互联网以及宇宙探索三个领域，因此在各个领域分别创立投资了 Paypal、Tesla Motors 和 SpaceX 公司。Paypal 于 1992 年创立,是国外版的支付宝。后来,马斯克卖掉 Paypal,进军汽车行业,收购了一家当时的电动汽车企业——特斯拉。至于做电动汽车的初衷,马斯克说,电动汽车更适用于火星上没有煤矿资源发电的环境。除了 Paypal、Tesla Motors 和 SpaceX,超级高铁,星链计划,卫星城市也是他未来想要进军的。美国政府也支持他的卫星城市计划,审批了一块地让他做试点。如果卫星城市成功了的话,对人类文明来说,将是一个飞跃。他的朋友曾评价他说:"当他认准了一个目标,他会一直努力,直到目标达成。"

　　SpaceX 专注于建造火箭,这本是国家应该做的事情,即美国航天局 NASA 负责的事情。因此,他们与马斯克的 SpaceX 合作。一个单子几十亿元,对于马斯克来说,他觉得钱对于他来说没什么。马斯克把钱都砸在了火箭开发上,倒计时一点火,几十亿元,甚至几百亿元顿时就没了,又继续卖股票筹钱建造 SpaceX 二号,SpaceX 三号。这三次爆炸,上千亿的钱一下子就没了。马斯克曾批判巴菲特,认为股神赚了那么多钱,却没有为人类社会进步作出贡献。巴菲特对此也哑口无言。而 SpaceX 四号的发射成功,昭示了人类社会的进步,尽管落地时发生了爆炸,但也说明了人类是有机会在星际间穿梭的。

　　马斯克在建造 SpaceX 上投入了许多钱,但是他在资本市场上的投入,又让他成为世界首富。他拥有的特斯拉的股票,涨到了最高点。然而,他所获得的资本不是为了自身的享乐,而是为了实现 12 岁时候的那个梦。纵观马斯克的成功史,不难发现,实际上他是想表达一个概念,即每个人的成功都源自一颗强大的内心。当看到火箭爆炸的瞬间,他的内心可能毫无波澜,因为他已经做好了可能到老都不一定能成功的心理准备。这叫"安心",无论做什么事都要安抚住自己的心。我们做上市公司尤为如此。这也需要自己去拓宽见识,多看看外面的世界。

从 2014 年开始，每年我都会去一次美国硅谷。第一次去美国斯坦福大学的时候，我参加了一次路演。有一家企业在进行第一轮融资，当时，这家企业估值只有 1 亿美元。到了 2020 年，这家企业的估值已经高达 660 亿美元。这家企业在短短五六年的时间就创造出如此辉煌的成绩，它就是大家所熟知的 "小红书"。当时我有资金，却不敢投，因为没有这个眼光和格局。对于刚起步的企业，我对它不甚清楚，没看见过，因此不敢投。所以说，心要大，见识要广。资本是一道门，只有把这道门推开，才会发现，这是个新的世界，美丽的世界。

在硅谷的 10 天里，有一个中国朋友给我介绍了一家公司，在线学习时代。这家公司跟学而思一样，都属于线上学习，但当时是 2015 年，线上教育还不是很盛行。这家企业的创始人是一个华裔，现今的估值也有 500 亿美元。但我当时格局小，看不到未来。从硅谷回来之后，我的格局就打开了，做十几亿元的生意，拥有百亿元的身家。如果思维只停留在赚 1 000 万元，那永远不会有大的跨步。

这十年，就一个目的，"敲钟"，为了这个目的而努力。建设格局，全源自一颗心，未来要建立起自己和自己对话的一套体系——安心。

黑石集团，他们的野心到底有多大？可能未来全世界资本之王，就是它。它会用资本把全世界最优质的企业和资产装到自己的体系当中，做到真正的富可敌国。它现在管理着全世界 6 000 亿美元以上的资产，未来可能管理全世界 6 000 万亿美元以上的资产。

中国现在最大的两家投资企业，红杉资本和高瓴资本，创始人沈南鹏和张磊。这两个人目前在引领着中国的投资行业前行。而他们的投资模式都沿袭了黑石的体系，讲究长期战略投资。但中国的黑石还没有出现，所以，未来我们都有机会去成为中国的黑石。这可称为资本的爆炸效应。

未来，世界 500 强的中国的企业将会越来越多，这需要中国的企业家前赴后继。能够成为世界 500 强的企业，皆是我们国家的荣耀。

读万卷书，行万里路，与一群人做一件事，这是未来希望打造的企投家体系的核心，希望大家建立起成事，驭人和安心组成的这套思维架构体系：成事中的商业模式、资本模式、战略模式、产品模式、营销模式这五套体系；驭人的运营管理模式、团队模式、股权模式、机制模式；安心的思维模式、领导人模式、经营哲学模式。掌握好并健全这 12 套体系，不仅有利于汲取整合其他相关知识，更能融会贯通把其内化为自己的东西。

第四章

04

企投家的突围

企投家突围离不开三个方面，分别是投资的逻辑、企业的核心，以及参与到实践中去。

　　而投资的逻辑又离不开投资的三大核心以及投资的五大铁律；企业的核心在于对企业的尽职调查，这不仅是对企业更加了解，更是对投资的负责；企投家突围的最后一点就是参与到实践中，只有实践才是检验真理的唯一标准。

一般来说,企业家中容易产生优秀的投资家。企投家作为新时代的产物,不仅是未来发展方向的风向标,同时能将企业经营的智慧应用到投资中,做到创业、投资两不误。面对现在,甚至未来的发展窘境,企投家该如何突出重围,在历史的海洋中乘风破浪呢?

随着社会经济的不断变化,经济、行业周期的不断轮换,单纯做企业的企业家,其经营理念和思维观点早已无法适应时代的发展,只有将企业经营与资本运作相结合,才能有效破局。

无论何时何地,做任何事之前,都要有一个清晰的认识,即对事物有清晰的思维架构。何谓思维架构? 对建筑来说,建筑图纸就是一个思维架构。有了图纸,才能保证工人按部就班地完成。

在企业经营方面,如何突出重围,我们可以从以下几个方面来实现。

首先,企业的重中之重,即商业模式。商业模式的创新对企业发展来说,不仅是持续发展的重要基石,亦是企业壮大规模的重要利器。

同时,业务体系也要随时代变化而变化,以资本的眼光重塑企业的业务体系。企业在创造价值的同时,对客户价值的理解和传递,对企业自身发展必不可少。产品的创新与细致打磨,是企业历久弥新的重要保证。

要达到企业上市的目标,企业家要学会写融资计划书。这对企业家来说,不仅是推销自己的重要工具,也使自己对自己企业的优势,未来的发展,能有一个清晰的认识。

　　只有做到上述几点，我们才能将自己企业的发展推向前方。

　　企业家需要突出重围之法，企投家同样也需要，因为企投家作为"双栖"产物，在投资领域也有自己的困境。企投家如何突围？离不开三个方面，分别是投资的逻辑，企业的核心，以及参与到实践中去。投资的逻辑，离不开投资的三大核心以及投资的五大铁律。

　　企业的核心在于对企业的尽职调查。尽职调查不仅是对目标企业的了解，更是对投资的负责。企投家突围的最后一点是参与到实践中。实践是检验真理的唯一标准，掌握理论的知识之后，接下去就是实践。只有真正脚踏实地去实践，才能验证学习的理论是否正确。不付诸行动的一切梦想，都是空话。

4.1 顶点：思维架构

思维结构是主体能动认识世界所建立的概念、判断、推理的框架及其相互联结、转换和互动的形式，是思维构制的系统演化的建构网络。它是认识结构的一部分。

4.1.1 思维架构的定义

三角架构在结构学中是最稳定的结构，形状是唯一的，也不需要在结构连接处做其他的固定，比如，相机三脚架、篮球架、自行车、斜拉索大桥、起重机等。

鲲鹏"三体"模型分为"事""人""心"三个层面。每个层面分别由多个维度组成。比如，成"事"由商业模式、资本模式、战略模式、产品模式和营销模式五个系统架构组成；而驭"人"由管理模式、团队模式、股权模式、机制模式四个系统架构组成；安"心"包含思维架构、领导力和经营哲学三个维度。

凡是高手，皆先打造思维架构，犹如天下武功的修炼，都从练内功开始。一般意义上的架构师指的是在计算机行业软件中专注于软件开发活动的专家，也可称之为软件架构师。他们不仅需要负责设计整个系统架构,而且需要对整个项目的细节有足够的了解,同时能在相应的应用场景中给出最合理的解决方案。

在微软,架构师分为四种:企业架构师 EA(Enterprise Architect)、基础结构架构师 IA(Infrastructure Architect)、特定技术架构 TSA(Technology-Specific Architect)和解决方案架构师 SA(Solution Architect)。这个分类是按照架构师专注的领域不同而划分的。实际上,架构师必须参与到整个设计过程中,包括需求分析、架构设计、系统部署、集成、测试和部署,并且负责在整个项目中指导和协调工程活动和技术规格。因此,架构师一般需要具备很强的思维逻辑能力、领导能力、团队协作能力,以及很强的沟通能力。架构师不仅需要有吃苦耐劳的能力,更需要能够看透事物的本质,善于利用思维方式,从而完美解决问题。

程序员的目标是成为一名架构师,但实际上大多数程序员无法成为架构师。因为要成为一名架构师,除了精神层面之外,实际的知识储备和工作中累积的经验也是十分重要的。本书讨论的思维架构并非指一般意义上的软件行业的架构师,而是从中延伸出的思维架构理念在实际生活中或企业经营上所需要的系统思维和框架思维,并不局限于某一个特定行业。

思想结构是主体能动认识世界的概念、判断、推理框架,是主体能动认识世界的相互联系、转换和互动形式,是思想构制系统进化的结构网络。这是认知结构的组成部分。因为人的观察、记忆和思维是不能分开的,一定的思维结构赋予人一定的观察、记忆、理解和创造性。从这种意义上讲,思维结构也可以称为认知结构。它被看作是思想反映事物的"一种内部网络",被看作是主体认知事物的"索引夹",被看作是与某种图表、格式、模型等基本相同的东西。所以,康德和皮亚杰提出的思维结构,有的译为思维"图",有的译为思维"格",还有的译为思维

"构架"。它们分别从不同的角度，勾勒出思维结构的基本轮廓。

思维结构是指人通过外在的活动而逐渐形成并不断完善的基本概念框架、概念网络。这是主体能动反映对象的符号连结系统，是主体反映对象的某种规律。思维结构是实践结构的内化、对象结构的反映和主体知识结构的基础。思维结构在人类认识中有重要作用。对象决定认识的功能是通过主体的内在思维结构来实现的。思维结构对认识的作用，首先表现为对客体的同化，即将外界的刺激融入主体原有的思想结构中，然后对其进行加工与选择。外部刺激被纳入主体的思维结构，通过选择和过滤而被同化，同时也引起了相应的反应，客观事物被主体所认识。

4.1.2 学会系统思维

唯有系统地思考，才能把握关键，把握全局，在不错过任何机会的情况下运用灵活有效的对策。系统思维是一种思维方式，利用系统观点，可以对事物之间的相互关系、结构、功能等方面进行系统认识。系统思维模式的核心是完整性。无论人们做什么，都必须在互动过程中依赖于整体,从整体到局部,从整体到环境,才能理解局部和理解整体。领导在思考、解决问题时,要从全局出发,着眼于全局,着眼于全局利益,着眼于全局结果。

系统思维与框架思维,就是利用框架来进行系统的思考和表达。世界上的一切事物都离不开各式各样的系统。大到宇宙的星系系统,小到生活中小物件,例如,手表,由精密的配件组合而成,自成一套系统;精神层面,大到世界观的系统,小到生活中的系统方法论。

系统可以简单地归纳为框架,各种元素构成整个系统的框架。如果完美构建了一个反映事物系统的框架并使用该框架来思考问题,那么,我们是否可以更全面,更深入地理解事物呢?例如,如果我们想分析自己的能力,则可以广泛地想象自己擅长的方面和不擅长的方面。当然,也可以借助个人能力评估模型进行自我分析。该评估模型实际上是个人能力系统的简化框架。显然,第二种方法会使自我认识更全面,更深入。

思维的客观基础是"系统论",即事物的形式和属性具有普遍性,思维体系与客体体系是一致的。现代思维方式,特别是系统思维方式,具有完整、结构、三维、动态和宽敞的特点。

客观事物的整体性决定了系统思维方式的整体性。整体性是系统思维方式的基本特征。它贯穿所有系统思考活动,并反映在结果中。整体论是基于整体论与各部分之间的辩证关系。整体和部分是密不可分的。各部分以某种方式交互而产生一般的属性和功能。完整性恰好依靠这种形式的互联和交互来实现对部分的控制。

为了坚持系统思考的完整性,首先必须意识到研究对象是一个系统,也就是说,必须始终将研究对象放入系统中进行研究。它有两个含义:必须明确地确定任何研究对象都是由几个要素组成的系统;每个特定系统都必须适合更大的研究系统。为了解决城市交通问题,必须将城市交通问题作为一个系统来研究。它由几个要素组成,包括车辆的参数(元素),客流和道路以及车辆的运行状况。同时,关于交通问题的研究应纳入总体城市规划和城市基础设施建设中。

为了坚持系统性思维的完整性,必须把完整性视为认知的起点和终点。这就是说,思维的逻辑过程是这样的:在充分理解和掌握总体情况的基础上,陈述总体目标,然后提出实现总体目标的条件,提出一些可以创建的计划,最后选择最佳的优化计划以实现总体目标。在这个过程中,总体目标作为整体的结果。我们通过分析系统的要素及其在总体目标下的关系,形成了总体目标的拟定条件;在对系统进行分析的基础上,提出了建议和优化方案,进行了系统综合的结果。可以看出,系统思维把整体作为出发点和归宿,并通过对系统要素的分析返回到系统集成的起点,这是中间环节。

要建立以系统科学的结构理论为指导的系统化思维方式,强调从系统结构中理解系统的一般功能,并从中找到系统的最佳结构,以实现系统功能的优化。系统的结构与系统的功能密切相关。系统的结构是系统功能的内部体现,而系统的功能是系统功能的外部体现。在系统中,结构与功能之间的关系主要表现为:结构决定功能。有元素,就有结构,就有功能。与人相关的系统的结构决定了它的功能,这表现在优化结构和非优化结构之间的功能关系上。从方法论的角度来看,优化的结构可以产生最佳功能,而非优化的结构不能产生最佳功能。

系统理论思维模式的结构是知识方法论的基本要求,是建立系统结构的视图。在特定的活动中,牢牢把握系统结构的中间环节,以理解和把握系统要素与功能之间的关系。对于相同的要素,力求创建最佳的结构,以实现最佳的系统功能。

统一是功能的基础,结构是从统一到功能的必要中间环节。在单元相同的条件下,单元的结构如何确定功能? 此外,由于元件之间的结构关系的容错效果,每个元件在数量上是不完整的,并且是具有质量缺陷的。在某些条件下,我们可以使用结构优化来对此进行补偿。

系统思维的结构性质意味着,我们在研究结构和功能之间的关系时,思维的重点必须放在结构上。在寻找结构优化时,必须千方百计地找到控制整个系统的中心元素,在此基础上检查中心元素与其他元素之间的关系,以形成系统的优化结构。

4.1.3　系统思维的延伸:三维思维

系统思维是开放的三维思维。其思想目标是基于现代科学知识,将思想对象放置在纵横交错的区域中。在特定的思维过程中,系统思维将思维对象视为一个整体系统。我们需要同时注意垂直和水平比较:不仅是思维客体与其他客体之间的水平关系,而且是思维客体的纵向发展关系。这样我们就可以充分、准确地把握思维客体的规范性。

客观性是垂直和水平的单位。任何类型的认知对象都是由多个子系统组成的系统,它也存在于其他较大的系统中。这是一个独立的系统,其发展是垂直的。这是一个子系统,其发展是水平的。该系统的特性不仅取决于内部子系统之间的结构形式,还取决于与其他系统的关系形式。因此,三维思维意味着主体必须注意纵横要素之间的有机结合,时空的辩证统一,并掌握研究对象的总体结构和功能。不仅是"三维思维",而且更重要的是"三维思维"的应用。我们在研究系统运动的空间位置时,要考虑系统运动的时间关系;在研究系统运动的时间关系时,要考虑系统的空间位置。三维思维是思想的时间和空间单元,是我们在垂直和水平方向上辩证的整体思想。

在三维思维中,纵向思维和横向思维不再是两种独立的思维方式,而是一个有机的整体,形成相互促进的关系。纵向思考是建立在横向思考的基础上的,即纵向思考应该在横向比较中进行,只有横向比较之后,才能准确地确定纵向思考的目的。例如,如果要发布新产品,必须首先进行研究和演示,了解市场上供需之间的关系,了解哪种产品最受欢迎,并在横向比较的基础上选择更精确的产品。新产品作为垂直思考的对象。横向思维的优势在于,可以跳出自己的小圈子,将事物置于普遍的联系和互动中,通过与其他事物进行比较来识别和衡量自己,从而认识事物的特征和运动规律。

还可以看出,横向思维必须建立在纵向思维的基础上,也就是说,有效的横向思维必须建立在对纵向事物的深刻理解的基础上。分层思维属于多向思维,其思维方向受到具体思维的限制。主体经常根据思想目标的需要来确定一些主要的思想方向,并且所确定的思想方向受到垂直思想的深度的限制。主体水平比较的对象越深,水平比较的目的和范围就越准确。例如,当我们选择最佳类别时,总是选择类似产品中质量更好的。这需要对相似产品有深入的了解,以确定哪些产品将参与选择,然后进行水平比较。

在漫长的历史河中,在一般情况下,三维是一个开放的思想,通常它也是全面的。因为主观思维的垂直方面与时间的一维性和事物的垂直发展相一致,所以它是垂直开放的。主观思维的水平方面与空间的三维和事物的水平连接相一致,因此,其水平方面也是开放的。这样,主观思维在纵向和横向都是开放的,并且是完整的。按照系统开放的原则,要实现有序的主体思想,第一步是打开"思想之门",加强与思想各个方面的信息交流,善于吸收宝贵的思想成果。这种深刻而开放的思维更有利于主体对客体的普遍理解。

每个系统都有其诞生、发展和消失的过程。因此,系统内各个元素之间以及系统与外部环境之间的链接并非全部都是静态的,它们与时间密切相关,并且会随着时间而变化。它主要体现在两个方面:一是系统的每个元素的结构及其位置不是固定的,而是随时间变化的;二是系统是开放的,并且可以始终与周围环境交互。物质,能量和信息的交换。因此,系统处于稳定状态并不意味着系统保持不变,而是始终处于动态稳定状态。

系统动力学可以理解为事物的运动定律,其在思维方法中的作用不可低估。系统思考方法的动态本质是系统思考的体现。从静态到动态的思维转变,要求人们理解并正确处理系统的稳定结构,以便系统不断发展并从无序变化到有序。系统的有序和无序是衡量系统结构是否稳定的标志。通常,如果订购一个系统,则其结构是稳定的,相反,其结构是不稳定的。有序和无序,稳定和不稳定的结构是系统存在和发展的两个基本状态,它们本身在抽象意义上没有价值。

人们可以根据自己的需求和价值取向来创造条件,以打破系统的有序结构,将其转变为无序状态,并过渡到新的有序结构。我们还可以创建条件来消除对系统的各种干扰。它是整洁和稳定的。其核心是在系统演化过程中掌握控制要素并执行自觉控制。这种控制方法不仅可以破坏系统原有的稳定结构,而且可以使其成为一种新的系统结构。如果正确掌握了控制元素,系统将朝着进化目标的方向发展。

但是,系统的控制元素是多种多样且不断变化的。这就要求人们不仅要从许多方面找到解决问题的方法,找到最佳的控制元件,还要随着系统的发展不断优化选择。由于系统发展的可能方向是分叉的分支,而不是直线,因此这要求人们将系统发展的可能方向理解为多方向替代状态,并将事物的发展归因于多种可能性,通过多种方法选择多个渠道,而不是等待某种可能性,某种方向,某种方法和某种路径。因此,有必要打破单直线性机械确定性思维方法,建立非线性统计确定性思维方法。

合成是人类思维的一个方面,任何类型的思维过程都包含合成的要素。但是,系统思考的综合与思想过程的综合不同,它是高级综合,而不是"机械综合"或"线性综合"。要研究整个系统,首先必须彻底检查系统的组件,包括组件之间的关系,组件之间的相互关系、级别、结构、功能以及它们之间的内部和外部连接组件,从多方面、多原因、多功能和多效益的角度来了解整个系统。系统思想的综合已成为非线性综合,已从"各部分之和等于整体"发展到"整体大于各部分之和",对分析一个复杂的整体,具有很大的实用性。

系统化思维方法的整合要求人们在研究对象并从整体上把握对象时从各个方面的关系和联系开始。所谓的"分析程序"是将分析与合成分离,并将顺序分离,从而形成了单向思维。所谓"系统综合"的过程是:综合,分析与综合,相互反馈,这是双向思考。逻辑的起点是整体。在逻辑思维过程中,综合必须经过整体,在综合的指导和统一下进行分析,然后通过层次的综合来实现整体。它需要放弃隔离和静态分析的习惯,允许分析和综合"同步"渗透,并且分析的每个步骤都必须考虑整个系统的集成和映射。这样,人们就可以把握大局,系统地、全面地研究事物,并以大局为中心来认识和解决各种矛盾,从而达到最佳的总体目标。

使用系统的思维方法来全面地研究和处理问题,是现代大经济学和大科学发展的客观要求。如今,许多工业化国家基于各种新技术,开发了全面的自动化生产,并建立了完整的无废料生产,从而提高了生产率。在许多发达国家,生态系统原则已被用于农业生产系统和农村生活系统的规划,设计,建设和企业,然后又被应用到农业系统政策,从而形成了一体化的趋势,实现农业技术体系与农业生态系统的有机结合,体现现代农业体系的发展趋势。但是,对于新兴产业,例如,现代信息产业,航空航天和海洋发展,更多的是使用系统科学的原理在单个学科中全面支持和规范单个技术。

现代科学技术的发展,要求人们不断揭示各种形式的物质运动所固有的共同属性和共同规律,这要求我们使用一种综合的系统思维方法。

4.1.4　如何实现系统性思维

系统性思维和创造性思维的有机单元是将认知对象视为一个系统,它需要分析和解决系统与要素,要素与要素,系统与环境之间的相互联系和相互作用的问题。创新是指思考创造性地解决问题的过程。创新经常打破常规,以质变和突变的形式出现,具有驾驭和引导整个系统的功能。它强调系统思维、协作思维、创新思维和突破思维,并且是战略设计中系统思维和创新思维的有机单位。

假设在开始时,有人告诉我们某件事的体系结构,如果我们使用它直接思考,它会比新思想更快吗?例如,如果我们想去一个从未去过的公司工作,有两种选择的方法,一种是直截了当,沿途问人,或亲自探索;另一种是在出发之前,单击地图,按地图行走。如何能更快到达目的地?

毋庸置疑,第一种方法是没有框架地思考,就像在不看地图的情况下寻找出路。以框架的方式思考就是将跟随地图到目的地。我想现在我们已经了解了框架的价值。

那么,框架是从哪里来的呢?它具有三个来源。

第一,从现有框架中选择。经过这么多年的发展,人类系统以万物为目标,建立了丰富的认知框架,各种理论模型和思维工具,例如,用于宏观环境分析的测试模型分析,公司财务状况的杜邦分析,设定目标的明智原则等。它们可以优先考虑和表达选择现有事物的能力。优秀的人性框架不需要重新发明轮子，它们有效地提高了思维和表达的速度和效果。

第二，在现有框架的基础上进行改进。受目标环境和人类发展水平的限制，任何理论模型实际上都是对事物系统的粗略模拟，并且具有一定的局限性。甚至某些理论模型本身在系统仿真中也有错误。人类发展，是在不断提高前辈成就的基础上实现的，因为现有的人类框架有其局限性和应用先决条件。因此，当使用场景与框架的应用和人类发展的前提不一致时，表明框架对系统的仿真是不正确的。使用前，我们需要升级框架，但请记住，要站在巨人的肩膀上，避免升级现有框架。然而，并不是每个人都能找到比以前更好的环境，而且随着人类社会日新月异的发展，很难有足够的时间和金钱，探索新思维系统的框架。

第三，建立新框架。建立一个新的框架是富有创造力的工作，也是非常具有挑战性的。尽管我们建议尽可能地避免改头换面，但是当遇到以下两种情况时，应该创建：一个就是要表达的对象目前没有合适的框架；另一个是有一个适当的框架，但是不知道或没有考虑以上内容。

4.2　深耕：企业家突围之法

作为这个时代的企业家，面对各种困境时，该如何突围呢？

4.2.1　创新商业模式

现在，许多企业家的思维还停留在 20 世纪八九十年代，即销售生产产品，或是清库存，或是追收应收账款。但是这些想法都不能解决企业发展的根本问题，当下，需要改变的是商业模式。

商业模式的定义是什么？企业之间，企业部门之间，客户之间以及渠道之间存在的各种交易关系和连接方法，称为商业模式。

为何有些企业技术实力很强却没有较好的经济效益？为什么某些高质量的产品在市场上不被认可？正是由于这些企业忽略了商业模式的创新，在同质化竞争中处于劣势。

在美国，企业的 60％ 是商业模式的创新，而 40％ 是技术的创新。由于劳动力成本和原材料价格的上升，许多中国企业处于技术领先地位，差异化和低成本策略不能满足企业的增长需求。他们只注重战略、营销和技术创新，越来越难以在新的商业环境下做出调整和改进，因此，重组商业模式已经成为企业的选择。

根据《科学投资》的调查,创业公司由于战略原因而失败的比例仅为 23%,由于执行原因而失败的比例仅为 28%,但是由于没有找到盈利模式而走下坡路的比例则高达 49%。因此,商业模式是企业竞争取胜的关键所在。

近十年来,"商业模式"已取代了"管理""营销""投融"等概念,成为全球顶级企业家和管理大师的研究热点。商业模式本质上是利益相关者的交易结构。为了建立一个商业模型,需考虑几个方面:受益人是谁?可交换价值是什么?如何创造双赢?整个商业模式系统包括六个方面:定位、商业模式、关键资源机会、利润模式、自由现金流结构和商业价值。在商业模式中,这些方面相互影响,形成一个完整的系统。

我们对商业模式的诠释和理解是:抛弃传统的经营模式,找到一条差异化的经营模式,简单来说,就是找到一条更容易赚钱的创业模式。

为什么有些企业能轻松挣到钱?为什么我们每天劳累奔波,还是挣不到钱?因为我们的商业模式没有创新。我们一直在关注国家的经济政策,以前叫转型升级,现在叫"双创",本质其实是商业模式的改变。企业改变商业模式,并不难,创新只是一层窗户纸,需要自己去探索。

2020 年有一家上市企业,一上市市值就高达 4 800 多亿元,该企业老板也一跃成为中国首富。这家企业名叫"农夫山泉",而企业 CEO 钟睒睒,曾经是娃哈哈的代理商之一。因为市场串货的原因,娃哈哈的总裁宗庆后一气之下将钟睒睒开除。而钟睒睒回到自己的老家,在浙江杭州的千岛湖开始发展一个新的品类——矿泉水。每个地区都有其当地独特的水源地,而水厂的建设并不难,只要在水源地上建一个工厂,购买几台设备即可。

农夫山泉作为一个传统企业,并不需要很高的科技含量,既不是人工智能,也不是大数据,更不是区块链、云计算或机器人,但一样可以让钟睒睒成为成功的企业家。

这不是说明了传统行业有无限的机会吗？

辣条,是国内风靡各年龄段的一款辣味面食类零食。而在国外有"辣条中的爱马仕"之称的卫龙辣条,更是声名大噪,跻身国内休闲食品的第一梯队,2019 年的年销量高达 100 亿袋,年收入 49 亿元。甚至有传闻称,卫龙食品已经在 2020 年递交了招股说明书。而卫龙食品的老板刘卫平,来自湖南省一个贫困县平江县,这里也是辣条的发源地。辣条的诞生可以说是一场天灾造成的巧合。1998 年时,湖南发洪水,当年的大豆产量一下子锐减一大半,为了降低大豆的材料成本,许多作坊的老师傅联合研发了一种麻辣中带点甜味的新型小食品,即辣条。刘卫平从中看到了一丝商机,在 1999 年,他带着辣条的配方到河南漯河,以这种低门槛的小零食起家,终于在 2003 年开创了自己的品牌"卫龙"。但是刘卫平的目标不止于此,他的目标是将"卫龙辣条"变成国民级零食。他不仅花费巨资升级生产线,提升质检管控,同时与专业的第三方质检机构合作,还邀请明星代言,摆脱大家认为辣条是低端零食的印象。"卫龙辣条"也走出国门,风靡国外,他终于做到了。

传统企业有的是机会,机会在于先知先觉。许多人觉得上市是一件很遥远的事情,但当意识到上市离自己很近的时候,已经完全没有机会了。当大家都明白了的时候,剩下的只有陷阱。

20 世纪 80 年代的中国人普遍只喝凉白开,直到 90 年代汽水的出现,可口可乐等汽水饮料受到广大人民的喜爱。2000 年以后,奶茶逐渐兴起。如今的"Z 世代年代",鲜榨果汁茶开始占领年轻人市场,如COCO、鲜果时间、喜茶等。鲜果时间是我们一家主导的在北方广受欢迎的果汁茶饮料店。而喜茶是近两年兴起的一个主打鲜榨果汁茶的品牌,2012 年诞生于广东江门,开启新式茶饮,新店开业,人头攒动,排队起码两个小时起。2020 年泉州第一家喜茶开业便创下了品牌创始以来单日销售全球第一的纪录,令人不可思议。而究其本质,果汁茶只是由简单的果汁、茶多酚、水果颗粒等混合而成，没有多大的营养价值，单杯售价却高达 38 元，利润空间很大。

喜茶等果汁茶饮料的成功说明了创新的重要性。他们在人们衣、食、住、行当中寻找创新，从水中寻找创新。娃哈哈当时主打的是"纯净水"，而钟睒睒在娃哈哈的基础上创新，主打含有人体所需矿物质的"矿泉水"，立刻占据了娃哈哈纯净水饮用水市场的半壁江山。

商业模式的创新没有我们想象中的高深、毫无边际和遥不可及，只是实现简单的 1＋1＞2，果汁＋茶＞2。我们不能一直埋头于自己的理念之中无法自拔，而要走进我们构建的美丽新世界。要从现在开始改变，从身边的各方面开始改变。我们可以从接触资本开始，与朋友探讨商业模式，成立私董会，甚至可以投资一家上市企业，参加 IPO 的敲钟仪式。这是一个知识赋能的时代，资本赋能的时代。我们要学会对商业模式着迷，不仅是产品创新，商业上模式的创新，还包括众包模式，构建共享模式。除此之外，我们也要有好奇心，对发展的业态好的体系产生好奇心，因为好奇，才有想要了解的心，而当我们了解到它对于我们的用处和帮助，成事还会远吗？

2020 年新兴的一个体系，我认为对有些企业是十分有帮助的，这个新兴企业模式叫直播带货。企业创下一年 1 亿元的营收，可能只是一个网红晚上 2 个小时的带货营收。国内现在最出名的带货网红——李佳琦，曾创下 33 亿元的成交额。有网友调侃道：原来赚 1 亿元真的是个小目标，网红主播带货一个晚上就能收入几亿元。而这只是新的业态中的一种，它还不能代表整个商业模式的大逻辑模型。因为商业模式是一整套的系统体系，由七个层级组成。学成这个方法论之后，每个企业家都能构建自己的一套商业模式，在时代洪流中突围。

创新需要时机，而我们什么时候需要创新？当我们感觉到疲惫的时候。传统的模式下，企业运转缓慢，仿佛陷入一个困局，却找不到破局的方法。这时候，我们只能用创新来突围。旧模式已经过时，因为竞争太激烈，只能在红海中找出自己的蓝海，另辟蹊径，重新选择细分市场，重新定位客户，重新挖掘需求，重新用自己的创新产品打入新市场，以满足客户需求，传递价值。因此，商业模式创新是企业首先要做的事。

商业模式创新一般有五种形态：新产品、新生产方法、新市场、新原料来源、新业态。

商业模式创新与传统创新类型相比，具有以下显著特征。

一是商业模式创新从客户角度出发，通过从根本上思考和建立企业行为，更加外向开放，更加重视并关注企业经济方面的因素。为客户创造增值，是商业模式创新的起点。因此，企业逻辑思考的出发点是客户的需求。而如何有效地满足客户的需求，这与技术创新有着明显的区别。一项技术可以实现多个功能，技术创新通常始于技术的特征变化和功能改变，了解其用途并发现其潜在的市场应用。在技术层面上，业务的创新与技术的经济价值有关，而与纯粹的技术特征无关。

二是商业模式创新具有系统性和根本性的特点，这不是一个单一因素的变化。这通常与商业模式的许多元素同时发生巨大变化有关，需要企业进行重大的战略更改，可以说是一种全面的创新。商业模式创新通常伴随着产品、流程或企业创新，相反，它们构成商业模式创新并不总是足够的。例如，开发通常包括新产品或新的生产技术。科技创新通常是指有形产品的生产，即技术革新。但是，现在是服务业占主导地位的时代，2006 年，美国服务业的比重达到了 68.1％。而对于传统制造业而言，服务也远远超过了以往。因此，商业模式创新通常也会反映在服务中，服务创新表现为服务内容和方法以及企业形式的创新。

三是从业绩表现来看，如果商业模式的创新可以提供全新的产品或服务，则有可能创建全新的盈利行业，甚至现有的产品或服务也可以为公司带来持久的盈利能力，竞争优势增强。传统形式的创新可以提高公司的内部效率，降低成本，并且短期内更有可能被其他公司效仿。商业模式的创新还表现在提高公司效率和降低成本方面。但它更加系统化和基础化，涉及许多要素的同时变化，这使得竞争对手难以效仿，并往往给公司带来战略影响和竞争优势，而这种优势通常会持续很多年。

4.2.2　以资本的眼光，重塑业务体系

企业家突围的第二点，即以资本的眼光，重塑业务体系。这要求建立起资本的眼光。在我的认知里，业务与资本就像人的两只左右手。左手是资本，右手是业务，这两者是并行的。但我国的部分企业在经营中只着重业务，没有与资本挂钩。因此，未来的几年内，我们一定要学会用资本的眼光来重塑和构建业务体系，构建资本期望的模式体系。

这个时代企业发展，不仅有政策扶持，环境也相对宽松，但也是最残酷的。企业发展外部环境良好并不代表企业一定会成功，它代表的只是一个转变，红海市场逐渐替代蓝海市场并且速度不断提升。企业发展到一定阶段，单纯做产品已经过时了，利用资本市场的力量走向资本市场，使得企业快速发展，成为中小企业迈向新台阶的必由之路。

大多数企业都想进入资本市场。但是这如何实现呢？这对于大多数企业来说，是一大难题。

企业在中国创业板想上市，必须遵从"两高""六新"。作为中小型企业融资的重要渠道，创业板十分重视企业的多样性，一般定位于"两高""六新"的企业。"两高"指的是高科技和高成长性，即企业引进高科技，同时用复合增长率来规划业务体系。"六新"指的是新经济、新服务、新农业、新能源、新材料、新商业模式。只要我们能满足"六新"中的一个条件，就能达成资本接触。

例如，我们可以在传统企业的层面作出一个新经济类型的模型，即共享经济。我们可以在寝室领域，做床垫等新商业模式。在新农业领域中，可以选择减少人工，采用机械化生产，如无人机施肥和对各项指标监控。在新农业中嫁接出深加工体系，这方面比较成功的案例应当属"褚橙"。

我曾举办过一个企业家活动，带领一百多位企业家去云南玉溪安崂山的褚橙庄园进行参观。"褚橙"是云南特产冰糖脐橙，形状有圆形或长圆形，颜色偏橙黄，因前红塔集团董事长褚时健栽培种植而得名。

我们到达的时间是 5 月初，漫山遍野一片绿油油，十分震撼。而彼时的褚橙庄园已经是成熟的集团化管理的自动流水线操作。褚时健老先生以匠人精神创新性将工业化流程应用到农业生产中，重新定义"精细农业"。而且，褚橙并不局限于水果的倾销，它还创新商业模式，拓宽品类，从褚橙果汁，褚橙果干，褚酒到褚茶，甚至于我们参观时他们已经在打造一款新品"褚月饼"，5 月份就已经开始为 8 月份的月饼生产做准备。

褚橙完美地符合鲲鹏"三体"模型：事、人、心。时年 74 岁的褚时健本应该过着颐养天年，儿孙绕膝的生活，但他却不甘于此，觉得自己"没事干，难受"。他到了其胞弟的橙园，顿时来了兴趣，尽管身体不便，依然坚持从零开始。只做过烟草，没有农业经验的他爬安崂山，自己剪枝、打农药、看树叶，经历了重重困难，终于褚橙成功了。84 岁的他打造了属于他的新农业体系，锻造了新农业的典范。这 10 年，如果他没有一颗强大的心，如何能做成事？

褚老先生过世之后，他的儿子褚一斌延续父亲的经营理念，准备将褚橙上市。因此，我们可以说，褚橙的成功也有着资本的属性，是以资本的眼光重塑业务。

如果按照以前的眼光，大多数人会选择种果树，有资本之后，继续买山、种植果树。而现在的逻辑不一样了，当果树布置好之后，褚时健采用众包模式，即外包当地果农种植褚橙，复制云溪红塔的商业模式到褚橙之中。因此，他们不需要像传统模式不断买地种树，而是带动当地的果农，变相带动了一方的经济，实现利益最大化。

在资本的眼光里，重资产并没有太大的实际意义。如今资本青睐的反而是轻资产。重资产获得的是产品利润，而如何将产品利润转变成资本利润呢？清华大学南门有一个清华科技园，以一片园区打造了一个科技园，而它的商业模式是：出租。清华大学南门位于五道口，是一个非常重要的位置，有人戏称为它是"宇宙的中心"，因此租金很高。因为许多公司都想要入驻清华科技园的写字楼，所以收取入驻企业的租金是清华科技园的主要收入。

当时有一家为了寻找更多人才而北上的深圳企业，名叫"数码视讯"。这家公司也想入驻清华科技园，但是一层大约 2 000 平方米的写字楼租金费用每平方米要四五百万元，在创业初期的数码视讯没有这么多的租金。清华科技园的创始人徐锦宏想个办法，即数码视讯可以用其股权来置换租金。数码视讯最后不负期望，凤凰涅槃，成功上市，而清华科技园手中握有的数码视讯的股权接近 200 亿元。如果按照一年 500 万元的租金来计算，200 亿元相当于 4 000 年的租金。一个商业模式的转变，让清华科技园获得了 4 000 年的租金，足以证明商业模式的转变是多么重要。

如果一个房地产的老板要转型，他的手中有 10 亿元的资金。如果他懂一点资本，懂一点股权，懂一点如何运作，身后还有一位高参给他出谋划策，那么，10 亿元变成 100 亿元并不是一件难事。未来十年，要学会与资本市场对话，懂得一些基本的资本理念，用资本眼光里看到的东西才有价值。

资本并不关注企业的净利高低，它关注的是企业的毛利水平。毛利水平代表着一个企业的 DNA，而基因决定未来。我们可以发现，高毛利的企业更容易成功，如卫龙辣条、喜茶。因此，投资高毛利的企业，是游戏规则。

如果喜欢一个企业，但是这个企业的毛利率只有 20%，那么，能投资吗？我选择不投。如果真的喜欢这个企业，就不要想着在它身上赚钱。这就叫资本市场对话的语言。当有一个毛利率 70% 的企业，净利率只有 10%，而另一个是净利率 30% 的企业，但毛利率只有 30%，此时应该选择投资哪个企业？可以发现，第二个企业的发展空间明显没有第一个企业的发展空间大，投资是投资未来的，因此要选择投资第一个企业。这就是所谓学会与资本市场对话的语言。

资本市场还关心企业的生存能力。企业的生存能力体现有两点：现金流和股东权益回报率。企业经营需要参照指标，而指标离不开三张报表：资产负债表、现金流量表和利润表。投资行业一般是通过这三张报表得出的各项指标，让投资人明白这个企业是否值得投资，因为数据是可以"说话"的，犹如人们体检时得出的体检报告。

一级市场同时还可以去竞标二级市场，二级市场是我们跟资本对话的一个媒介。而二级市场的游戏规则，我们已经掌握了，三张报表体现的指标是我们投资的判断标准。

以资本的眼光重塑业务体系，要求我们具有财商。

财商是现代社会能力素质的缩影，与智商、情商、逆商并列。它包括两个技能：懂得用法律成倍增加财富的能力，管理和使用财富的能力。财商不是通过学校学习和培训产生的，而是通过精神世界和商业智慧的共同培养、教育和锻炼出来的。财商作为树立正确的财富观、价值观、人生观的手段，也是实现成功人生的重要因素。

4.2.3 深刻理解客户价值传递

对客户价值有效传递模式的研究,旨在实现以顾客为中心,建立反映顾客需求的服务价值链,设计实施服务评价机制,并最终提升全员服务意识。这一主题的重点如下。

1. 深入洞察客户需求,建立管理客户需求机制

基于科学的客户需求分析框架,通过分析、挖掘、收集客户需求信息,深入洞察客户需求,并根据客户的感知维度和不同的需求层次,对其进行管理。

2. 建立由外向内、跨各服务层次的客户价值传递机制

根据客户价值需求的掌握,以业务流程为主线,分析和设计涵盖各服务层次(即相关企业内部支持部门)的服务需求,建立由外向内、跨各服务层次的客户价值传递机制。

3. 建立面向顾客价值并涵盖各个服务层次的服务评价机制

在客户价值传递链的基础上,确定各内部支持岗位的服务需求,并根据量化和操作性要求,设计出相应的服务标准,以加强实现顾客价值的保障。

我们所处的时代不再是一个物质匮乏的时代了,不同于 1980 年的"酒香不怕巷子深",现在的企业唯恐产能过剩。正如前面所说的做水的企业,除了娃哈哈和农夫山泉,景田、百岁山、康师傅、昆仑山、乐百氏、怡宝、西藏 5 100 等也来瓜分饮用水市场。市场竞争如此之大,消费者有许多的选择。只有传递客户价值,才能有生存的空间。农夫山泉朗朗上口的广告词:农夫山泉有点甜,这是传递客户价值的一个典型的例子。它传递出的理念是大自然的水,来自千岛湖,而他们只是大自然的搬运工。而另外一个有名的来自法国的做水企业——"依云",它所传递的价值是来自阿尔卑斯山水源地的水。因为传递出的价值不同,不同品牌的水的价格也不尽相同。

现在的中国发展迅速,全球的人都想来中国,而我觉得有一个产业未来会发展起来,即汉语培训。中国的经济迸发,祖国的五岳山川,特有的沙漠和高原地势,以及中国五千年的传统文化,都具有独特的魅力,让人趋之若鹜。正如当年的新东方从英语培训开始,累积了一定的资金和经验后开始拓宽培训类别,最终新东方教育科技集团在美国交易所成功上市。因此,汉语培训也是未来的大势所趋。

可以相信,未来的世界将会形成以中国为中心的格局,催生出来的机会和行业多如牛毛,而我们要学会创新。创新就是学习和套用成功的企业案例,结合自身实际情况,从而上市成功。上市公司是设计出来的,融资也是设计出来的,甚至资本也是设计出来的。我们要融入这场游戏,掌握游戏规则,其中最核心的就是客户价值的传递,为客户无限制的传递价值,并且创造长期价值。

要想企业值钱,一定要打破"价值"。顺应时代的大势,企投家所做的就是以最小的利润为客户创造价值,包括为企业构建资本架构、股权架构、战略架构等内部管理架构体系。市面上有些商业咨询费用可能高达上百万元,而我们所传递的是真正的"旧时王谢堂前燕,飞入寻常百姓家"的理念。我们在咨询上没有多少利润,因为咨询的成本本身就很高,因此,我们要拼命创新价值。

当发现自己的存在对客户已经没有价值之时,即失去了存在的意义,只能在波涛汹涌的洪流中逐渐消亡。为了保证我们的基业长青,要持续不断地为客户创造价值。同理,做长期价值投资,投资的企业应该是那些能够给客户未来创造长期价值的。

4.2.4　以匠人之心打磨产品

小罐茶的创始人杜国楹,曾经创立过许多脍炙人口的品牌,如背背佳、好记星、E人E本、8848钛金手机等，然而惨遭失败，欠下了巨额债务。可他不服输，痛定思痛，得出商业最终的承载形式是产品，因此，一定要对产品进行打磨。这属于鲲鹏"三体"架构成事篇中的产品模式系统架构。

匠人之心，是对工作和事业的精益求精，把一份工作或一门技艺当成信仰来追求。从企业角度来说，匠人之心指的是企业觉得自己的产品永远达不到自己的满意程度。因此，企业才会有迭代的产品更新，而产品的不断升级，还能让商业形成一个可复制循环，产生一个可行的重复购买。苹果手机每一代的产品发布会都备受关注，每一代的产品更新，消费者都愿意买单，常换常新，重复购买。

能在市场上真正体现口碑的是匠人之心。小野二郎，是著名的"寿司之神""全世界年纪最大的三星主厨"，一生都在追求创造完美的寿司，是全球闻名的"寿司第一人"。纵观他的一生，有五十多年的时间都在做寿司，真正地将一件事做到"精""透"。小野二郎先生开的寿司店名为"数寄屋桥次郎"位于东京办公大楼的地下室，一家不起眼的小店却连续两年获得米其林三星，被誉为"值得花一生去等待的店家"。店里的原料从制作到客人入口，每一个环节都经过精心设计和评估。因此，无论是明星、政要，都只能预约，而菜单由当日的食材决定。奥巴马任美国总统时到日本交流访问，时任日本首相的鸠山由纪夫还特意为奥巴马安排了到小野二郎寿司店的行程。

日本的匠人之心举世闻名，因为他们习惯于专注一件事，然后做到极致。有个关于寿司的纪录片提到过，在制作三文鱼寿司之前，日本匠人会为三文鱼做按摩，经过按摩后的三文鱼肉，具有独特的口感和味道。这些结论都是经过他们长期的研究所得。

在产品同质化十分激烈的现在，更需要打磨产品，产品的创意是无限的。西班牙巴塞罗那的一家酒店，关于拖鞋的产品创意令人眼前一亮，记忆深刻。一般的酒店提供的是一次性的无纺布拖鞋，或者是普通的塑料或棉布拖鞋。而那家酒店提供的拖鞋十分特别，拖鞋的顶部镶嵌有一个感应二极管，当拖鞋踩在地上的时候，二极管会发出微弱的光，住客半夜要去洗手间时就可以借助这个微弱的光亮，而不用打开客房的灯。这就是产品创新的力量，消费者因为一个产品而成为这个企业忠实的客户。因此，无论在产品打磨时，投入多少资金、时间、精力，都不为过。

如今，产品质量已成为企业立足市场发展的基础和保障。它决定了产品的使用寿命，更决定了企业的经营宗旨。如果没有质量，就没有市场；没有质量，就没有优势；没有质量，就没有发展。因此，质量才是硬道理！尤其在当今世界经济不景气的情况下，我们更要注重产品的质量，力求质量取胜。

生产的质量决定了过程的质量，过程的质量决定了工作的质量，而工作的质量最终取决于员工的素质。无论是产品质量，服务质量，还是工作质量，归根结底都是生产、服务和管理人员的"素质"体现。因此，企业必须重视员工的角色，充分调动员工的积极性和创造力，最大限度地提高产品质量，服务质量和工作质量。质量是公司的生命，质量意识是公司的灵魂。因此，为了提高产品质量，首先必须提高员工的质量意识。

要求品质尽善尽美，从细微处入手，从细节做起。泰山不拒细土，则能成其高；江海不择细流，则能成其深。在社会分工日益细化、专业化的今天，重视细节，追求卓越，确保质量，才能使产品赢得竞争。因此，质量追求完美，抓住细节是提升质量的关键。

改善产品质量不仅关系到企业的发展，也关系到社会的长远发展。产品或者服务的质量是影响企业质量、发展、经济实力、竞争优势的重要因素。在市场竞争中，质量是第一要素。只要能以灵活有效的方式向用户提供满意的产品和服务，就能赢得市场竞争优势。

4.2.5　学会写融资计划书

一套完整的融资方案涉及投资决策的所有要素，如商业模式、产品模式、服务模式、市场研究、融资要求、运营方案、竞争解析、财务解析、风险解析等。融资计划书，可以说是一份企业对投资者的证明书。

融资计划书是和资本市场对话的敲门砖。因为融资计划书是我们打开资本市场美丽新世界前的思考规划，是未来如何前进的指路明灯。如何写好融资计划书是一个大课题，它属于自己的系统架构体系，可以延伸出许多内容。本书对此不做过多赘述，但要明白写好融资计划书的重要性。

1. 撰写融资计划书步骤

学会写好融资计划书更是傲视时代的资本。写好融资计划书，首先要了解其撰写步骤。它大体上包含五个主要内容。

一是融资项目论证。指的是项目的可行性和收益。

二是融资方式的选择。作为融资主体，必须选择一种成本低廉且快捷的融资方式。例如，发行股票，证券，银行贷款并接受合伙人的投资。如果项目符合现行产业政策，可以向政府申请资金支持。

三是资金分配。筹集的资金应确保项目持续顺利进行。

四是实施。资金回收项目总是有时间限制的，一旦开始回收本金，项目就应该开始合理地偿还资金。

五是融资收益分配。

2. 融资方式

知道了写好融资计划书的撰写步骤，第二步就是实施。融资方式一般有八种。

一是基金企业，它主要利用"假股暗贷"。所谓"假股暗贷"，就是投资者以股票的形式进行投资，并不参与项目的管理，一段时间后从项目中撤走股份。这一模式主要适用于外资。不利之处在于经营周期长，股东结构变化，甚至可能改变公司。如果我们用这种方法来投资的话，一般称之为"中外合资"。

二是银行承兑融资方式。投资商在项目方的公司账户中存入一定金额，如1亿元，然后立即要求银行开出1亿元的银行承兑汇票。投资者取得银行承兑汇票。这个融资方法对投资者非常有利，问题是，银行是否能在公司账户上开立一亿元的承兑呢？实际上，大概只有80%到90%的银行可以兑现承兑汇票。

三是直接存款融资方式。这是最困难的融资手段。因为直接存款本身就违反了银行的规定，必须是企业和银行的关系特别好。投资人在项目方指定银行开立账户，将指定金额存入（可不接受这笔钱作为担保）。另外一种同意质押的融资方式就是大额质押存款。当然，这种融资方式也有其缺陷，即违反了银行规定，也就是，银行要求在担保到期前30天签署结息。实际上，可以去别处的银行进行再贷款。

四是银行信用证。对于全球商业银行，如花旗，国家有政策规定，同意向企业提供资金的银行信用证应被视为已在企业账户中存有等值存款。以前许多企业都是用这种信用证圈钱。因此，国家的政策稍微有了一些变化，国内企业再无法用这种方式融资，现只允许外国独资和中外合资企业使用。

五是通过委托贷款融资。即投资方在银行为项目方设立一个专用账户，资金转入专用账户，而委托银行向项目方发放贷款。这是一种更好运作的融资方式。一般情况下，项目的审查并不严格，只要银行划拨利息并偿还本金，当然，不还本金，只需承诺每年收取利息。

六是直接支付的融资方式。所谓的通款指的是直接投资。这一项目的审查非常严格，通常要求抵押或银行担保固定资产，利率也是比较高的，多是短期。人们最少能接触到年利率 18%，通常在 20% 以内。

七是对冲基金。市场上有一种典型的对冲基金，那就是不还本不付息的委托。

八是贷款担保。市场上的多家投资担保公司，只需为急需的资金支付高出银行的利息。

融资方式有债务筹资和股权筹资两种。债务融资较为传统，主要包括银行贷款、民间借贷、发行企业债券、典当行贷款、融资租赁等，这种融资方式包括银行贷款和民间。股权融资，主要是指上市公司发行股票，增资扩股，员工持股，私募股权投资等，不需要还本付息，只要公司盈利就可以分红，但是，需要部分让渡企业管理权。其优点：所筹资金具有永久、无到期日、无偿债压力；初次融资金额较大；使用款限制相对宽松；提升企业知名度和良好声誉；对企业建立标准化，现代化的公司制度大有裨益。尤其是具有较大潜力和较大风险的科技型企业，促进企业发展最有效的是以创业板上市方式进行融资。

4.3　升级：企投家突围之法

与企业家不同，作为投资者，如今，我们该如何突围？投资家的突围之法有三点。

第一点，理解投资的逻辑；

第二点，了解企业的核心；

第三点，参与到实践中。

4.3.1　升级认知：理解投资的逻辑

《中华人民共和国公司法》中有对投资的定义。投资是一项经济行为，通常是指在给定的时间段内某些经济实体（例如公司，机构或个人）的经济行为，以便将足够数量的资金或与实物有关的货币等价物投资于该对象中的主体以及所给定的区域。

投资通常可以包括三种类型：实物投资，资本投资和证券投资。我们对有形资产的投资，包括对公司的投资，以及通过生产和经商获得一定的利润。资本投资和证券投资是购买公司以货币发行的股票和公司债券，它们间接参与公司的利润分配，而不参与公司的运营和管理，只是出资和从中获利。

以往的投资项目一般为煤、铁、金矿等重金属矿业，后期房地产经济初露矛头，掀起一股投资的潮流。随着互联网经济崛起，电脑从商务办公的主要需求转化为日常生活的需求。而智能手机的广泛发展和应用，多媒体与设备场景开始交互出现，并得到指数级的发展。21 世纪20 年代，开始跨入资本的世界，我们的投资要围绕资本这一中心展开。

世间万事万物都离不开系统，投资也有自己的一套思维架构体系。本书第 6 章将会着重阐述投资的思维架构。投资总的系统框架有了，即有了行进的方向。而投资离不开其三大核心和五大铁律。

本书第 2 章构建上市路线图中，简单介绍了投资的三大核心：看准人、看对事、看对局势。很多读者容易将这三点与鲲鹏的人、事、心三位一体的"三体"模型混淆。这两者的共同点是"人"和"事"，但含义各不相同。投资核心中的"人"指的是投资项目中我们认为可以成事的人，而鲲鹏"三体"模型的"人"则指的是企业经营和管理中如何驭人，从而推动企业的发展壮大。同样，这两者的"事"也分别对应不同的层面，投资核心中的看对事，侧重表达这件事是否值得去做，而并非企业成事的方法和准则。企投家作为时代的新兴产物，不仅要在自身企业经营上下功夫，同时也要投资项目，合理运用企业经营和投资之法，才能成长为时代洪流中的"鲲鹏"。

投资不是一件 100％有回报却无风险的事，因此，要做好最坏的打算，尽最大力量来降低风险，一双看懂投资的火眼金睛必不可少。什么项目值得投资？主要看两点，也就是投资核心中最重要的两点：对的人，以及对的事。没有人能未卜先知，投资成功的人无不是经历了无数次的挫败才迎来了成功。因此，对于喜欢的项目或企业，最多只能投资30％。一般来说，投资超过 34％，则股东具有决策权。对于不熟知的领域，专业的事由专业人士来处理即成功的法则。募投管退，没有长赢的企业和项目。二级市场的股价起起落落，最好的退出方式是 50％，凡事留有余地,也是古人留下来的常胜之法。资本在市场中流通,不仅要投资他人以获得回报,也要懂得投资自己。资本市场可以比喻成无数循环组成的大循环,投资的目的除了获得收益之外,更重要的是希冀以投资所得来发展自己的企业,而企业发展的最终目标是上市。

投资有其自身的系统架构和框架,因此,投资之前,应该先明白投资的逻辑。在一级和二级市场中,赚钱的人有很多,亏损的人也比比皆是。

大部分人投资一般存在四个误区。一是跟风型的投资。投资者看到别人投资什么就跟着投,没有自己的想法,这种投资操作的风险是最大的,别人吃完肉喝完汤,我们只有买单的份。二是麻木性的投资。投资虽然有一定的运气成分,但概率还是有的,投资者不能自暴自弃,听之任之,按照自己个人的心情操作,而不是听天由命。三是重仓型的投资。重仓操作,即不做任何仓位规划,投资中,投资者仓位管理有着十分重要的作用,仓位管理不好,不但减少盈利,可能还会加重亏损。最后一个是敢输不敢赢的投资。这也是大多数人的常规操作,当股价出现波动,有一点盈利时赶紧抛出,害怕后期亏损,而出现亏损时却不敢轻易抛出,而是期待着股价反弹。这只会使人们陷得越来越深,而终被套死。

我们必须树立正确的投资理念,规避投资的错误观念,才能大大降低投资的风险,加大自身的收益。

日本投资家孙正义,有一个著名的"卷轴",那是他对于软银未来300年的企业帝国规划。他的投资理念与一般投资人的理念不同,许多投资人着眼于未来几十年的规划,对孙正义来说,那几十年只是他300年发展规划中的十分之一。2020年6月,孙正义在软银的股东大会上宣布退出阿里巴巴的董事会,放弃了他之前立下的60岁退休的规划,转而带领软银集团继续在投资界披荆斩棘。其实,早在2000年,孙正义就开始对未来展开设想,其核心理念已经为愿景基金(View Foundation)获得了 1 000 亿美元投资。据孙正义介绍,该项目为期 300 年,重点在于克隆技术,延长人类寿命和心灵感应的相关设想。那是一幅宏伟的画卷。迄今为止,View Foundation 已经投资了 Uber、滴滴出行、OpenDoor、SoFi 以及 The We Company 等公司。这一投资逻辑是基于孙正义的"300 年愿景"。

有人说,孙正义不是天才,就是一个疯子。而软银愿景基金管理合伙人之一的杰夫·胡森博尔德却这样评价这只基金:"我不担心在两到三年内的投资退出。我关心的是 7 年、10 年、15 年的投资回报最大化。"

从标准的风险投资角度来说,愿景基金的这一投资策略并无不妥,因为投资简单来说就是需要少数的几次成功来弥补其他大部分投资的失败。虽然到了投资的后期,回报率更低,但只要有更多的投资成功,那 300 年的愿景也不是没有可能实现。

新消费时代的兴起,昭示着消费市场三大要素消费人群、商品以及场地的重新塑造。多媒体的发展,进一步融合了线上线下的商品消费模式,人们的生活方式发生了巨大的变化。近年来,我国的主要消费群体为 20～30 岁的青年人群,占据我国总人口约 17％,但消费总额超过所有人群的 1/3。因为消费人群的改变,对于供应商来说,产品,品牌以及销售渠道都应该进行相应地改变。与此同时,电商和社交媒体已经成为大众消费的主要渠道,如淘宝、拼多多、京东,以及现在的视频平台抖音、快手等,为新品牌推广营造了良好的环境。因此,新品牌可能是接下来的一个发展方向。新品牌的核心除了营销能力以外,自身产品过硬是最为基础的。产品的价值除了其本身的使用价值,更多的应该是品牌背后的价值。不同文明的碰撞,消费观和价值观的交融,都能够影响到品牌所代表的那群人。

经过两年的发展,线上销售渠道已经成熟和饱和,新的线下交易将成为新的卖点。拥有大量资金的运营商不断涌现，因此，迫切需要能够有效提高效率的新技术。要了解这种类型的项目，首先要考虑技术，这取决于公司是否具有核心竞争力。

理解和把握投资的逻辑，不仅是我们认知的升级，更能让我们在投资市场中处于有利位置。投资家要在困境中突围，首先应该吃透投资的逻辑，打好基石，才能进一步对企业核心的审核。

4.3.2　打造自己的水晶球：了解企业的核心

企业的核心能力代表了企业的发展前景，企业的长效发展取决于其非凡的资源。如果企业想要获得竞争优势，就必须围绕这些资源建立自己的能力体系。

一种是企业以整合协调观为基础的核心能力。综合观点、协调观点、网络观点、组合观点等都属于这一类。企业核心竞争力是企业对资源、技能、知识的综合运用。它是知识的积累。这一积累过程包括不同的生产技术，不同的技术组合和价值转移。企业能够通过核心竞争力快速发现产品和市场机会，从而产生更多的超额利润。

二是企业以文化观念为基础的核心能力。知识观、文化观等都属于这一类。Barton 等认为，有价值的企业文化是企业最重要的核心竞争力，它难以完全仿效；并强调，核心竞争力包含在企业文化中，体现在企业多方面，包括技术和知识，科学技术价值观与管理制度。有关学者认为，核心能力是指企业内一系列相互补充的技术与知识的结合，能使一个或多个关键业务达到行业一流水平。这强调了核心能力以知识的形式存在于企业的方方面面。

三是企业以资源观为基础的核心能力。Jay Barney 强调，获取有潜在租金价值的资产对企业的成功至关重要，也是保证企业持续获得超额利润的最基本条件。Olville 认为，企业在获得战略资源时的主要竞争对手是不同的决策和流程。由于企业具有独特的识别、收集、储存和激活资源的能力，因此，只有获得战略资源的企业，才能在行业中处于独特的地位。

四是企业以技术观点为基础的核心能力。Patel 和 Pavitt 认为，创新能力和技术水平的差异是企业异质性的主要原因。Meyer 和 Otterback 认为，公司的核心竞争力是研发能力，而产品制造能力和营销能力的强弱直接影响着企业的经营业绩。

五是企业以系统观为基础的核心能力。这一思想流派认为，核心能力是一种多层次的技能。它为公司在特定业务中的竞争力和竞争优势奠定了基础，是互补资产和运营机制的有机结合，建立在公司的战略和结构之上，具有特殊技能的人为媒介，包括人员和企业在各个层面上的所有功能。因此，他们必须对沟通，参与和跨越企业边界具有共同的愿景和认同。真正的核心能力是公司核心技术能力、核心公司能力和核心文化能力的有机结合。

投资的目标是企业，而对于投资人来说，企业尽职调查，是十分重要的。

投资决策前，要对项目、资金、并购等方面的投资条件进行详细的研究。这份报告包括了被收购公司的 10 个方面，以及 55 个关键点。投资者通过学习、关注、分析、判断，从而得出客观、科学的投资结论，从而使投资者能够作出决策。企业尽职调查从宏观到微观，由大及小，共有十个方面。前面四个方面尤其重要，要逐个检查。先要弄清楚问题，然后才能考虑到下面几个方面。否则，企业尽职调查就会被搁置或者被放弃，因为它需要考虑时间成本和经济成本。

（1）企业尽职调查应该侧重于拟投资企业的团队：投资是一种风险行为，投团队，特别是被投资企业的领导者。被投资企业对团队成员的要求应该是：热情、诚实、专业、有学习能力。

（2）在尽职调查报告中，应该考虑企业的两大优势：有利的行业和有利的企业。优势产业是指有良好发展前景、符合国家政策并有广阔市场发展空间的产业。这个产业中的主导企业具有基本竞争力，也是细分领域的领头羊，其核心业务有较高的知名度，综合实力超过其他竞争者。

（3）尽职调查报告应该确定三种模式：商业模式、盈利模式和营销模式。商业模式是指一个企业所提供的产品或服务，工作流程，以及企业自身的才能、技术、资金和其他资源。盈利模式是指企业获取收益的方式和关系。营销模式涉及公司如何销售自己的产品或服务、渠道、动机等。对一家优秀的企业来说，这三种模式应该互相促进而非冲突。

（4）企业的报告中，应考虑四个指标：营业收入、营业利润、毛利率和增长率。私募股权类型的投资机构看重被投资企业的获利能力和发展，并希望被投资企业尽可能最快地重组和上市，因此，最近三年被投资企业的财务数据尤为重要。业务的毛利率反映了企业的盈利能力和防范风险的能力，增长率可以反映企业的成长程度，这有利于企业在资本市场中更好地发挥作用。

（5）企业尽职调查应明确五种结构：股权结构、管理人员结构、业务结构、客户结构、供应商结构。

每一个企业运营都不简单，因此，尽调报告的基本要求是投资人对所投资企业的具体结构有一个非常清晰地了解，以便于他们判断企业是否值得投资。

公司股权结构：股权结构明确主次，且合理，创始人股权不能过少，必须有核心。管理层结构：股权结构合理，具有自身优势的工作经验，互补性强。团队精神，有效的运作协调。业务结构：主营业务突出，产品结构合理，具有明星类或现金牛类产品优势，在技术和产品创新方面有相应投入。客户结构：大客户较多，但不能过于集中，结构应合理，客户需要有信誉和实力。供应商结构：应有多个优质供应商，可保证供应，原材料质量和价格。

（6）企业尽职调查应该从六个方面进行审查：合规历史、财务规范、税收明确、产权清晰、遵守劳动法、安全且环保。其目标是为了彻底了解待上市公司。假如企业任何层面出现严重问题，重组和上市就会陷入麻烦，如问题较小，则可对其进行修正。

企业发展史清楚，问题不多，验资、变更资金等都没有问题；财务制度健全，审计公正，依法办事；没有逃税行为；所有资产产权清晰，权利完整，转让程序（包括专利、商标、不动产等）都已完成，没有任何纠纷，不存在任何可能引起诉讼或仲裁的问题；严格遵守劳动法律法规，与员工签订劳动合同；安全生产，环保标准，没有任何隐患，如搬迁令、罚款等。

（7）企业尽职调查报告的重点应该放在七个方面：规范发展、会议制度、公司文化、战略规划、人力资源、公关和激励机制。解决目前存在问题的能力是评估目标公司管理水平的重要依据。

在企业管理法规汇编中，可以直观地了解到企业管理的制度化程度，很多企业尚未建立企业管理法规体系。企业管理法规要求公司定期召开各种例会（每周例会、董事会，股东大会等），以了解公司的活动是否规范，并观察股东与管理层之间的关系是否正常，是否相互尊重，协调一致；要求公司建立促进长期发展的企业文化，以建立企业凝聚力和向心力；要求公司具有战略规划状态，以了解公司发展目标是否明确，观察公司目标与行业的经济发展是否一致；要求公司对员工进行培训，制定激励措施和实施办法，要求公司能够充分调动所有员工的积极性和主动性，促进企业的全面竞争；了解公司战略和公共关系状态，要求公司具有社会公民意识，重视公司的形象和品牌，要求公司具有社会责任感；要求一家优秀的现代企业应拥有一套机制或计划，以激励员工并加强团队建设,否则公司将难以做大做强。

（8）投资者深入分析公司尽职调查报告应该包括九个数据:资产周转率、负债比率、流动比率、应收账款周转天数（应收账款周转率）、销售毛利率、净利润率、净值报酬率、净现金流量和市场占有率。投资者为了对被投资企业的财务状况进行深入评估,在分析其财务报表时,有必要对这九项财务指标进行分析。

资产周转率:反映企业整体资产周转率的资产销售额。周转率越高,销售能力越强,企业可以通过快速轮换小额利润来加速资产周转,增加利润。投资者据此能够看到公司的资产是轻资产,还是重资产。

总体资产周转率＝销售收入/平均总资产。

负债比率:总资产与总负债的比率。这反映了通过借款获得公司总资产的比例,也反映了公司资本结构的合理性。它还可以了解企业清算破产在多大程度上保护了债权人的利益。

比率＝（总负债/总资产）×100%。

流动比率:流动比率是反映企业短期偿债能力的流动资产与短期负债的比率。流动性资产是最易实现的资产,流动资产多了,流动负债少了,短期偿债能力就会提高。

资本充足率＝流动资产/短期负债。

应收款周转天数（应收账款周转率）:反映应收账款周转速率,即每一个会计年度将应收账款平均转化为现金的次数（亦称平均收账期）。换言之,应收账款周转率越高,平均收账期越短,应收账款回收速度就越快;否则,公司的营运资金就会被应收账款占用,影响资本交易的正常营业。

应收款周转率＝销售收入/平均应收账款付款天数;

应收账款周转天数＝360/应收账款周转率。

销售毛利率:销售毛利率是指可用于支付不同期间并在扣除已售

产品成本后获利的金额。这是公司净销售利润率的初始基础，也可以表明公司的竞争力。

销售毛利率＝(销售额－销售成本)/销售额×100％。

净值报酬率：反映股东权益收益水平的净利润与所有者权益的百分比。

净值报酬率＝(净利润/平均股东权益)×100％。

经营活动产生的净现金流量：指企业营业年度内经营活动产生的现金收入和现金流出的差额。这体现了企业经营活动现金流的能力。它根据企业的实际生产和经营需要，采用现金流量表进行反映。企业财务状况越好，现金流量越大，所需资金就越少。相反，它还需要更多的资金。若企业的净现金流量为负数，则意味着企业需要筹集更多的资金来满足生产和经营的需要。

市场占有率：公司产品的市场份额。假如一个公司拥有 1/5 的市场份额，它通常被认为是一个市场控制者。这一指标最直观地反映了企业的市场状况。它能全面反映公司的技术、市场竞争力和品牌形象。

(9)企业应执行的九项尽职调查报告程序：数据收集，公司考察，竞争力研究，券商咨询和各项访问，包含管理层、供应商、客户、协会、和政府。

要做好投资项目，就必须按程序规定做好调查研究工作。

数据收集：企业通过多种途径、多方面收集各种数据资料。

公司考察：投资者对企业研发、生产、日常管理等进行实地考察，对企业普通员工进行随机或无意的访谈。

竞争力研究：投资者要了解市场上各类竞争者的实力状况及其优缺点。投资者对于竞争者的信息掌握得越充分，对投资的判断就越准，同时也能从竞争者的角度来看待投资企业。

券商咨询：投资者要了解公司上市的可行性及上市时机，判断公司及行业的前景。

访问：管理层访问是执行尽职调查非常重要的部分。投资者通常可以快速了解目标公司的发展前景和团队成员的素质，第一印象通常是重要和可靠的。要拜访公司的原材料和辅料供应商，了解采购状况，数量，价格，供应信用等，不仅可以帮助判断公司的声誉和实际生产，还可以从中了解行业竞争格局。此外，要了解公司产品的质量和知名度，了解公司的实际销售情况，同时了解同行企业间的竞争。从客户访问的层面上，还可以确定公司的市场地位和市场，调查公司的需求和可持续发展程度，了解公司在行业中的地位和声誉，并了解行业的总体发展以及公司的法律状况和政府对企业的支持。

（10）企业尽职调查报告还需要包括以下十个方面：企业历史、产品与技术、行业机会与威胁、企业优劣势、发展规划、资本结构、管理层、财务分析、融资方案、投资咨询。

做好尽职调查报告是收集投资经验的一项基本技能，不仅是投资机构初步工作的总结，也是做出最终决策的基础。企业背景、股东结构、股东变动、企业重大历史事件和其他企业产品概况、技术来源、研发和创新机会；企业概况、行业前景、竞争状况；企业优势、核心竞争力、存在的差距或不足，不论是否有解决办法或改进措施；企业的短期、中期和长期发展计划、战略、可行性、股东构成和合理性；企业管理人员和技术人员的经验；企业近几年的各种财务数据；企业筹资计划的筹资条件是否符合企业发展计划；投资经理对项目的整体评估。

有些企业家为融资，可能会夸大企业的营业额或净利润，因此，投资者为了获取企业的真实情况，尽职调查不可或缺。思维架构只是思想层面的辅助，投资者还需要依靠实际的历练，深入企业，直接与企业面对面，尽职调研。

在长沙有一家企业，名叫"功夫雪狼"，主要做青少年武道教育。在网络高速发展的今天,"功夫雪狼"的负责人认为,青少年的大部分时间都被电脑游戏、手机游戏所占据。所谓"少年强,则国强",为此,他们希望通过"武道"重新振兴中国这一代青年的精神,并在长沙开办了超过50家的武馆。而鲲鹏咨询帮助他们融资了近1 500万元,资金不算多,但是也帮助了企业的发展。融资之前,我们集合了的投资人到长沙,带领他们突击对其中三家武馆进行尽职调查。三家武馆规模分别为:2 000平方米的大型场馆;开设在学校附近的500多平方米场馆,可免接送;开办在大型商场中的800平方米场馆,如万达广场。我们跟投资人在现场询问参与的孩子以及孩子家长的感受,了解武馆最实际的情况。下午则到企业总部听企业负责人讲述企业未来的规划和愿景,其使命和价值观,以及他们如何开拓市场,产品及团队的展示。通过与团队的对话,投资人提出企业对未来战略方面的想法。最后,晚上的汇报演出也展示了其营销模式。

"功夫雪狼"的创始人是一位年轻的"90后"武术冠军,而武馆的教练都是出身于少林寺塔沟武校的武僧,个个身怀绝技。而最让我印象深刻,心潮澎湃的是创始人的一个双节棍表演,用黑布蒙眼之后,原地转两圈,准确地用双节棍击破对面人头上顶着的苹果。弘扬中国传统武术文化,是这个项目最能打动我的地方。

我们投资企业一开始可能是基于一个想法,我们要带着目的和问题去了解这家企业。通过对一家企业的尽调,投资人可以从第三方的角度,真切地感受到一家企业是如何运营,如何规划,如何做产品,以及如何带领团队,做内部管理的。掌握企业的核心:团队、模式、业务。投资人通过三张报表,可以探寻企业的DNA,就能判定这个企业的基本面。当投资人走访了10家企业,积累了10个经验,对于企业投资,才会有自己的小心得。

有些人投资成功,我们不应眼红,更应该敬佩,同时抱有学习的态度,因为他们身上肯定有我们看不到的东西。

4.3.3　知行合一：参与到实践中来

投资需要实践,无论是参与二级市场抑或是一级市场。

科学知识从何而来? 科学家从实践中得到的,通过做实验得出的数据。即使是极富思辨性的数学和逻辑,最初也是来自实践。

眼见为实,见多者识广。一个人如果哪都没去过,天天蹲在家里,决然不会有什么长进。

实践指改变和探索现实世界中一切社会客观的物质活动。其主要特点有三:一是自觉主动性,二是客观物质性,三是社会历史性。它具体表现为生产、社会关系和科学实验三种基本形态。

在实践与认知的辩证关系中,实践是认知的基础,而实践又决定着认知。

它主要体现在以下几个方面:一是实践是知识的源泉,人类对实践的需要决定了认识的产生。也就是说,人的改变,世界的需要,提高了认识的需要。二是实践带来真知,一切人类知识,无论直接获得,还是间接获得,最终都来源于实践。

实践是认识发展的原动力。第一,实践不断地给人们提供新的认知主题,并提供新的实验材料来解决新的问题;第二,实践的发展为人们提供了越来越完善的知识和物质条件;第三,人们的认识能力不断提高;第四,判断知识是否正确的唯一标准是实践,而不存在其他标准。学习的最终目的是实践,正确理解世界的目的是有效地改变世界。

总之,实践是知识的源泉,实践是知识发展的主要动力,实践是知识的最终目的,实践是检验真理的唯一标准。

第五章

05

投资五大铁律

入市有风险，投资需谨慎。

投资的目标虽然是获得收益，但并没有什么投资是没有风险的，所以我们在投资时应遵循五大铁律，分别是从风险、团队 / 项目、仓位、退出，以及对自身的投资这五个方面进行理解，这也有助于投资者自身的成长。

前文我们有提及投资的三个核心,分别为看准人,看对事,看局势。投资也有其相对较深的逻辑,即投资的五大铁律。

投资的五大铁律分别从风险,团队/项目,仓位,退出以及对自身的投资这五个层面详细解析。无论做什么事,都离不开遵循其一定的规律,投资也不例外。只有掌握好事情的本质,才能一步一步,过关斩将,避免投资风险,获得自己预期的回报。

对于投资,虽然我们的目标是获得收益,但没有什么投资是没有风险的,首先我们在心态上要有一定的准备。因为投资有一定的风险,因此我们必须了解风险的类型,同时掌握规避风险的方法。这也是我们做投资最基本的要求,也是踏出投资的第一步所需要的。

了解了投资的风险以及规避风险的方法,接下去需要做的就是找对团队,以及投资对的项目。通俗来说,就是找对的人,投对的事。对的人不仅指的是有能力的人,更重要的是这个人对于项目的想法和实施。合适的,可能成功的项目有很多,但能成功的人极少。这是因为,有潜力的项目更需要一个有远见的领头人。只有顺应时势,才能走向成功,这也是我们前文所提到的,投资的核心:看准人,看对事,看对局势。如何能拥有一双"火眼金睛",在项目投资上有所获益,后文将详细分析。

投资的占比是有讲究的,不是我们想投多少就投多少。即投资的仓位管理。同二级市场投资一样,一级市场的股权投资也需要仓位管理。而与二级市场投资不同,一级市场投资的占比可能影响被投资企业的运作。当我们投资占比超过 30%，即可拥有企业的决策权。对于不甚了解的行业，外行人的"非专业"决策，对于企业的发展十分不利。因此，遵循投资占比不超过 30% 这一铁律，对于投资风险的规避也是十分重要的。

所谓"知止而有得"，投资也要学会如何退出，应该在什么时候退出，退出的方式是什么。经过对多家企业的跟踪研究以及投资的长期观察，我得出了投资的第四大铁律：退出的最好方式是 50%。

说到投资，一般人认为的投资主要是针对资本，实际上，除了对资本（即他人）的投资，更重要的是投资自己，提升自己能力的同时，视野将大大拓宽。我们不会再局限于眼前的利益，未来所获得的，将比现在更多。

遵循投资的五大铁律，不仅对投资大有裨益，对投资者自身的成长，也十分有益。

5.1　硬币永远有两面：投资有风险，入市需谨慎

"投资需谨慎，入市有风险"是我研究投资行业得出的第一条结论。

5.1.1　投资需谨慎，入市有风险

由于未来投资收益的不确定性，在投资过程中可能会出现收入损失，甚至资金损失的风险。比如，股票可能被冻结，债券可能无法及时兑付，房地产价格可能下跌等，这些都是投资风险。投资人应该根据投资目的和风险偏好来选择理财产品。举例来说，多元化投资是一种科学有效的风险控制方式。这个方法也最常用。投资者对债券、股票、现金等不同投资工具的投资指标进行合理细分，既能降低投资风险，又能增加收入。因为多样化投资和资产配置涉及很多投资行业和金融工具，建议投资者在进行多样化投资前，先咨询财务顾问。

在投资过程中，投资风险是指从投资决策开始到投资结束，由于各种不可控或不确定因素造成的实际投资收益和预期收益之间的偏差。真实投资收益与预期收益之间的偏差是，前者高于后者。

风险是存在的，投资的不同阶段所承担的风险类型不同。而且进行投资活动时，风险也会发生变化，不同的投资阶段，风险的性质和后

果也会有所不同。一般来说,投资风险具有可预见性、补偿可能性、风险持续时间长、损失和影响高、不同项目风险差异大、多种风险因素并存、组合效应并存等特点。

　　风险管理和控制的关键在于风险类型的识别,以及与投资流程相关的风险识别。

5.1.2　风险的分类

按照不同的划分方法,投资风险有不同的类别。

1. 按投资风险的成因分

投资风险可分为自然环境风险、社会风险、经济风险和科技风险。

一是自然环境风险。自然环境风险是指自然因素不规则变化造成的地震、洪涝、台风等灾害。

二是社会风险。由于不可预测的个人或集体行为(如欺诈、偷窃、过失等)而导致的投资实体的风险。

三是经济风险。企业经营管理不善或投资活动中的市场因素变化所带来的风险,包括经营风险、价格风险、利率风险、通货膨胀风险等。

因为经济风险是一种必然的产品现象和内在市场现象，管理投资风险是关键。

四是技术风险。工程设计和管理不善所带来的风险，如系统故障、工程质量不合格、环境污染等。

2. 按风险的性质分

投资风险可分为纯风险和投机风险。

纯风险不会带来利润，但也有可能无法实现利润。纯风险只有两种可能的结果：损失或不损失。纯风险所造成的损失是绝对的，通常与自然力量的破坏或人行为的失误有关。

投机性的风险既能带来机会和收益，也有风险和损失。投机性风险有三个可能后果：损失、避免损失和获利。假如投机性的风险使参与者蒙受了损失，那么整个社会可能也不会蒙受损失，相反，其他人可能会从中获益。

3. 从投资者的角度分

投资风险分为系统风险和非系统风险。

系统风险也就是战争、通货膨胀、经济衰退等多种因素造成的商业风险。系统风险涵盖了所有的投资对象，不能进行多样化投资，所以又称非多样化投资风险或市场风险。举例来说，如果一个公司想购买股票投资另一个公司，它就必须承担市场风险，不管是哪一个公司，因为当经济陷入衰退的时候，不同的股票会有不同的价格。

非系统性风险也就是个别公司的特定事件所带来的风险，如罢工、新产品开发失败、未能取得重要合作、法庭争端失败等。这类活动是随机发生的，因此，可以通过投资多元化来实现规避。也就是说，一家公司发生的负面事件可以被其他公司发生的正面事件抵消。所以，非系统性风险也就是所谓的公司特定的变动风险。

就投资行为而言，风险投资是指一种投资过程。在这种投资过程中，资源被投入到高新技术及其产品的研究与开发中，有可能促进高新技术成果商品化和产业化，投资者因此可能得到较高的资本回报。

项目的投资对象主要是初创期的中小企业，以高新技术企业为主。这一项目的投资期限只有 3~5 年，一般是资本投资。这种投资方式通常占公司投资资本的 30％左右，不需要担保或抵押；投资决策基于高度专业化和程序化的基础；风险资本家通常积极参与商业运作，并提供增值服务。除了种子资金之外，这些资金通常应该符合被投资企业未来发展的需求。

因为投资者投资的目的是追求超额回报，被投资企业商誉越高，风险资本家就会越快地退出上市公司并购，以获得资本增值。

5.1.3 投资的四大要素与风险

资金、技术、管理、人才、市场机遇等都是投资的要素。

投资机构要积极参与新兴公司的投资；协助企业管理，并参与企业的主要决策活动；高风险、高收益的投资；所有风险投资都由专业人员多次操作；寻求早期投资回报，而不是控制被投资公司的所有权；风险投资公司和企业家之间的关系以互信和合作为基础；投资的实施通常是高增长潜力的高科技公司。

从经营方式上看，人才主导型投资机构将风险投资投向潜力特别大的高科技企业，并通过风险投资商、技术专家与投资者的合作，实现风险利益的共享。

没有任何一项投资是没有任何风险的。在投资的一刹那，意味着风险已经 100％产生了。所谓无效投资，就是钱打了水漂了，不但没有收益，还收不回成本。投资人想要投资稳赚不赔，只是一个美好的愿望。如今的投资大佬中，没有一个不是经历了前期的遍体鳞伤，后来才一战封神的。

合理资产配置这一话题近几年来为越来越多人津津乐道。企业资产一般可分为三个部分,其中 40％为固定资产,如海外购置的酒庄,农庄也属于固定资产;而 30％为理财,现在许多人开始有了理财的概念,理财即二级市场;而未来能真正产生收益的应当属一级市场,即最后的 30％,股权。

但投资是有一定风险的,可能我们会获得 100 倍的回报,但也有可能石沉大海。自 2017 年贾跃亭前往美国生产汽车以来,他一直没有回来,到 2020 年曾经市值高达 1 700 亿元的乐视集团宣布退市,所有投资人的钱一下子就清零了,26 万人的乐视投资客几近"窒息"。贾跃亭名下待执行的欠款总金额已经超过了 70 多亿元,回到家后,他面对的将是一个千疮百孔的乐视,数千个债权人,以及难以预料的牢狱之灾。乐视网是以视频起家的,两三年内又陆续涉及影视、电视、手机、汽车、金融等多个领域,但由于其项目繁多且杂,又没有稳定的发展,因而造成资金链断裂,乐视被掏空。到 2017 年 7 月,乐视的临时股东大会上,矛盾最终爆发,许多讨债者高举横幅要求还钱,而彼时贾跃亭早已奔赴美国。

同样面临过失败的罗永浩,人生可以用"彪悍"来形容。在 2012 年 5 月,罗永浩创立了一家公司,名为"锤子科技(北京)有限公司",2014 年 4 月已经完成了 B 轮融资,整体市值预估超过 10 亿元。但其锤子手机的评价偏向两极化,质量问题是老罗走向衰败的关键原因。吴晓波曾说,罗永浩这人,梦太大。这个有梦想有情怀的人最终欠下了 6 亿元的债务。与贾跃亭的"下周回国"不同,罗永浩说,这钱,他要还的。从 2020 年 4 月起,老罗走上网红直播带货之路。这是一个新兴行业,在这个网络流量至上的时代,不到半年,老罗已经还了 4 亿元的债务,也就是说他通过直播带货,至少赚了 4 亿元,不出意外,不到一年他就能把债务还清。不得不说,罗永浩的人生确实传奇。老罗曾受邀参加脱口秀节目,他在节目上说过,曾经成功的他不注重健康问题,喜欢晚上吃油炸食品,家人都劝他注意健康。当他欠了 6 亿元之后,家人反而打电话给他,想吃什么就吃,开心就好,甚至他的妻子也问说要不他也去美国,实际是在调侃贾跃亭。

罗永浩还了钱,贾跃亭却不可能回国了。在乐视退市之前,会有一段时间终止交易,投资者即使想卖也卖不出去,但是投资者宁愿选择等待奇迹的出现。因为他们在市值高的时候买入,比如,他们在 130 亿元的时候买入,现在变成了 10 亿元,一下子缩水了 13 倍,抛出去又有什么意义呢?所以他们只能等待,等待它回升,可结果,是一无所有。投资者要学会透过现象看本质。为什么有人在股市中能赚钱,有的人却赔了钱?因为游戏规则的缘故。

"股神"巴菲特,从他 11 岁就开始买卖股票,到 91 岁还在研究股市的游戏规则。2020 年 11 月,伯克希尔·哈撒韦公司公布的最新财务报告显示,该公司第三季度净利润同比增长 82%,达 301.4 亿美元(约合 2 000 亿人民币)。但在同年 5 月,伯克希尔·哈撒韦公司第一季度却亏损 497.46 亿美元(约合 3 512 亿人民币)。

"股神"尚且不能保证稳赚不赔,更何况普通人?"对赌协议"是现在许多企业融资的一个方法之一。事实上,这是一个选择的形式。对赌合同的条款可以有效保护投资者的利益。对赌合同是用来让外资银行投资国内企业。对赌合同是在买方(包括投资者)和卖方(包括金融家)之间就一项合并和收购(或融资)协议达成的一项不确定未来情况协议。在约定条件下,出资方可行使一种权利;在约定条件不存在时,投资者可行使另一种权利。例如,一个企业与一个风投机构对赌,企业保证三年之内成功上市,如果三年内 IPO 不成功,那么,机构投资企业的钱,连本带息由大股东优先启动回购。

对赌协议其实营造的是一个投资者"稳赚不赔"的合理合法的机

制。对投资人来说,对赌协议的风险可能较低,但也不能说全无风险,如果企业最后无力偿还,一样会造成投资人的亏损。而对企业来说,对赌协议会让企业丧失未来的主导权。因此,我并不推崇这个方法,除非万不得已,不然不可轻易接受对赌。世事变化莫测,波谲云诡,谁又能预料到呢? 投资有风险,入市需谨慎。

5.1.4　投资风险的内部因素

金融风险的成因既有外部因素,也有企业自身因素,具体原因因金融风险而异。一般而言,金融风险的内部因素主要有以下几点。

企业财务管理的宏观环境复杂而多变,企业财务管理体系与之不相适应,包括经济、法律、市场、社会文化、资源等要素。它是企业外部因素,对企业财务管理具有重要影响。如国际原油价格上涨,导致成品油价格上涨,使运输企业增加了经营成本,降低了利润,不能达到预期的经济效益。

企业财务经理缺乏对财务风险的客观认识,也是原因之一。金融决策不科学,导致决策错误。主观决策在中国企业的财务决策中普遍存在,由此导致的决策错误也时有发生。

企业内部财务关系混乱。基金的管理和使用存在权力和职责不清、管理混乱、利益分散于公司内部各部门和上级公司等问题。因此,资金使用效率低,损失严重,不能保证资金安全。

公司领导对风险认识不够,财务人员素质不高。企业高层风险意识强不强,直接影响到企业财务风险管理制度的建立。管理风险意识薄弱的企业不能进行财务风险管理,更谈不上建立财务风险管理制度。今天的市场竞争越来越激烈,金融风险管理是比较复杂的管理。金融企业的员工必须具备较高的数学、统计知识,以及一定的数据分析和处理能力。

多元化的投资主体,投资决策和管理水平相对滞后。我国的很多企业都在寻求一个多元化的商业模式,并试图通过多元化来降低经营风险。这是可以理解的,毕竟,世界上没人能保证哪一个行业永远是"新兴行业"。但事实上,企业采取多元化经营战略已经使一些行业中的"孤家寡人"陷入财务危机,甚至破产。这一现象产生的原因在于,企业管理者没有及时改变决策理念,而是移植或采纳了原有经验。不同行业除技术手段不同外,在财务管理方面也存在较大差异,如盈利模式和销售方式的差异不亚于行业特征的差异。近几年来,很多制药和电器公司投资房地产。因为房地产业在初期投资过多,使运营公司陷入财务困境。若这些公司投资失败,"多米诺"效应将导致金融风险加大。

众所周知,投资行为可以分为两大类:一类是对项目和基础设施的投资,包括股权投资和并购;另一类是金融投资。很多时候,投资是这两个行为的交集。

5.1.5　控制风险的有效措施

投资是有风险的。投资者在多年的大规模投资之后,必然会出现一定比例的亏损,也被认为是一项投资成本。但投资损失应该是有一个合理的上限,比如,国内外行业平均损失率和 EVA 值。投资者要注意探究投资亏损超出合理范围的原因以及如何控制投资风险。

1. 控制决策风险至上

项目确定前,应先进行可行性研究。刚进入一个行业,需假设它有太多风险,自己是否能够承受。如果答案是否定的,不在这个行业投资。举例来说,面临着政策"退出"的风险,经过评估,拟投资项目所处的风险过大,难以控制,没有进行项目投资的前提条件。

如果眼前只看到树,而不看向整片森林,则无法对投资项目做出正确的决定,那么一切投入都只能是徒劳。

2. 项目可行性风险分析

一般把项目的投资研究报告称为可行性研究报告。这个项目可行吗？为什么？这是我们需要研究探讨的问题。但实际上，很多可行性报告都是先定性，然后才进行论证，后面的论证只是为了证明决定是否正确。当项目是为了得到上级，甚至是政府的批准，那么，需要思考如何写才能得到批准，报表也是如此。正因为如此，我们也把它称为"可审查"报告，因为报告可以完全脱离实际，或者增加一些额外的有利于审批的内容。因此，决定若是基于具有"可批"性质的报告，那么，风险会很大。

3. 控制决策制度风险

一些美国企业在金融危机期间遇到麻烦，其中一个很重要的原因是它们的董事会决策的失效。如果再加上项目可行性报告不可信，不仅董事会，所有部门都将面临危机。在美国，一般的公司董事会中都有独立董事，可是独立董事是由董事长直接任命，一般也是董事长的朋友。独立董事是主席，又担任首席执行官，这决定了独立董事难以独立，既无法独立表达自己的意愿，也不能建立一个制衡机制来与管理层决策进行平衡。而瑞士苏黎世有一家保险公司的所有董事都是外部董事，因此，既能保证董事会听取管理层的意见，又能做出独立决策。主席作为外部董事，与管理层无利益冲突。这些例子说明了董事会组成是我们面临的一个大问题。

当前，在国有资产管理监督委员会指导下，国有独资公司董事会试点工作的原则：一是投资者直接选择外部董事，当然，也包括内部董事。二是半数以上的外部董事。外管职责，任命，工作及报酬。外部董事对投资者负责。外部董事的来源可以确保他们的独立性，避免利益冲突，而大股东的所有权则是董事会有效决策的保障。单独依赖独立董事的个人素质和外部监督并不可靠。

4. 控制投资成本的风险

企业竞争力的基础是成本控制。由于价格并非由卖方决定,而是由市场决定。因此成本对经济增长的影响不明显,只有在经济危机时期才能看到。当危机来临时,一些企业无法承受,遭受了巨大损失,甚至宣布破产。而有一些企业只是减少了收入,生存没有问题,为什么?在企业成本结构中,关键在于我们要把投资成本排在第一位,而运营成本排在第二位。因为企业后期的经营成本对最终的成本影响有限,投资成本是决定企业竞争力的关键因素。

台塑王永庆曾捐献一栋建筑给北京一所大学。他要求对方只进口设备,其余的他们会负责,因为大学进口设备可以申请免税。王永庆认为,做事不仅要做到一流水平,成本也要一流。建筑要最好的,但成本也是最低的。一流的水平容易做到,因为可以不计成本,但一流的成本却极难做到。许多人投资项目,因为追求一流的水平,后期的预算超出了前期的概算,那么投资这个项目一开始就注定失败。

5. 控制投资体制风险

投资体制问题有待进一步研究,而投资人应该尽可能分散他们的资本,引入资本,吸引不同的利益相关者参与进来,吸引不同的资源,如技术、管理、人才、渠道、品牌和资金。为保证项目建设的高质量、低成本,投资方和被投资方需要对项目建设公司的管理团队进行必要的重组。比如,企业的项目管理团队可以投资股份的十分之一或五分之一。这样他们就与其他股东或与公司的利益相关联,那成本控制就不一样了。风险和利益相捆绑,能有效应对团队管理项目时带来的风险。

6. 控制项目法人责任制风险分析

确立项目法人责任制,就是要从市场调研、可行性研究、项目建设到公司经营,从人到物,明确责任。个体并非项目的自然人,而是法人。

一个自然人无法承担这种责任。比如，以前的项目经理被任命执行项目细分管理、进行项目市场调研、项目建设，而运营项目则是由不同的组织和人员组成，一旦出现问题，就没有人负责。

7. 项目建设评估风险

很多企业在项目决策之后没有及时跟进相应的评估和考核，有些企业一开始较为重视，后续就放松了要求。实际上，企业对于项目建设的要求应当列入对团队人员执行力以及项目法人的考核，建立起完善的事后评估系统。

8. 建立事后评估系统

当企业真正意识到每一个项目都已经完成并开始运作时，就必须根据可行性报告中的最初决定和评估指标对项目进行事后评估。有些报告看上去很好，但实际上没有真正完成。企业为何要对事后的工程进行评估？一是责任明确，二是奖惩明确，真正做到"有功则赏，有错则罚"。

5.2 关键的关键：找对的人，投对的事

对的人把对的事做成：投资未来。企业家要想融资，首先要把自己变成一个讲述者，一个对自己梦想和憧憬的讲述者。

5.2.1 企业家= 梦想家

企业家要成为一个讲梦想，讲故事的人，首先要学会布局，布道。何谓布道？道，就是自己的故事，未来想做的事。无论在任何场合，任何时间，只要有机会，只要有舞台，就可以讲述，讲述对未来充满的无限的期待。2020 年，什么叫成功？在 2020 年，能活下来就叫成功，只要活下来，未来还有无限的机会。那些不能将我们打倒的，终将会让我们变得强大。

投资的基础是投资未来。投资者关注的是企业的未来，企业家关注的是自身对未来的规划，而未来看的是格局，格局由心理决定。

软银集团的孙正义，1982 年开始创业，创业开始，公司只有两个员工。公司开会时，孙正义搬了一箱水果，站在箱子上，对两个员工讲述着公司的未来：我们公司未来要做全日本第一的公司。哪知在会议的第二天，公司的两名员工辞职了。员工认为，不能跟脑子有问题的老板

一起干。结果,5 年之后,孙正义的软银集团成为全日本第一的企业。每一年,孙正义在软银集团年底的战略会议上都会提出一个问题:未来 300 年,我们软银集团应该做什么愿景规划? 人的一生不到 100 年,孙正义思考的却是 300 年的规划。这是何等宏大的格局? 一个企业的发展,不正是需要这样的格局吗? 企业做大做强,与长期发展的规划息息相关,前期规划布局尤其重要。

周鸿祎对于挑选投资项目有自己独到的见解。他表示,对项目进行天使投资是很随意的,不存在整体战略规划,不存在建立企业帝国的大概念。要是我们觉得项目有趣,那就去投资吧。同时他也希望能像硅谷的 KPCB 和红杉这样的风险投资商,投资有趣的公司。

他在对待与企业家的关系时,言辞直率,给人一种比较强势的感觉,但在实际决策中十分尊重企业家,许多投资企业,他甚至连董事都没有。创业者不大可能利用股东投票来解决问题,或者利用外部投资者来做决定。他经常对创业者说,当有 CEO 时,要做决定。他只会给建议,因为这毕竟是大家的事业,而非他的事业。

他的理念非常简单,既然他已经决定亲自去做,为什么还要投资别人呢? 如今他选择投资这些企业,企业的未来能否成功,取决于这些企业家能否不断成长。他很难想象,如果首席执行官不发展,企业就不会壮大。因此,他会花很多精力向他们讲授做人、做事的道理,讲自己过去的经验教训,通过这样一种循循善诱的方法,真正地帮助和影响他们。

他感觉到,有些年轻的企业家并不理解这种力量,因为他们还不够成熟。他要想投资,就要找出他们的问题,并帮他们解决。归根结底,良药是苦的。假如他们做得很好,他还能做什么? 与此同时,由于这些因素,他总能遇到一些令人遗憾的项目,最终双方都对此置之不理。比如,在投资迅雷之前,他就和一家类似的公司有过接触。因此,在做天使投资的时候,他给企业家提供了三个选择的标准。

首先,创业者必须承认自己并不优秀。每个人都有许多缺点,行业也在不断地变化。因此,投资者要检查他是否有自我反省、自我教育、自我提高的能力,能不能倾听批评,能不能正视自己的错误,是否能够改正错误。假如他自以为是,即使因为运气,有些成就,最终并不能大功告成。

其次,这取决于企业家是否具有开放的思想并善于与他人合作。一个人做成某事很难,必须建立一个团队。他认为,如果自己做一件事,未来将很难成长。例如,一些企业家找到他,希望能够得到他的帮助。当然,这个帮助也不是完全免费,对方毕竟知道这并不是在做慈善,只是两者有共同的利益。如果创业者能共享公司股份,他可能尝试提供帮助,但是有部分创业者认为,自己的公司很有价值,并不愿意与他人分享。对于周鸿祎来说,并不在乎这些利益,但是他会放弃缺乏开放思想的企业家,因为他担心,如果让企业家将来以股权激励寻找人才,可能会被拒绝。

企业家要想成功,可能需要三年、五年,甚至更长的时间,这一过程会遇到很多困难,因此,企业家必须更加努力、坚持不懈。

其实,天使投资的估值,并没有什么秘密,也没有具体的方法。企业家最常被问到他们需要多少资金,以及他们必须占多少股份,也只是在讨价还价中寻找心里安慰。由于早期的项目只是一个大概的想法,没有收益,没有利润,没有规模,因此,在现阶段,它只能是"一个愿打,一个愿挨"。

5.2.2　投资,即找"对"的人

创业初期,创业者缺少的不仅仅是钱。像任正非、戴尔这样的成功者,在创业初期,都缺乏资金。起步阶段的任正非,当时比他有钱的人

多的是。多年过后，比任正非有钱的人却没有几个。成功其实和钱无关，它并不只是一种关系，而是在钱之外的其他因素。因此，应该把注意力集中在钱以外。

在创业的时候，总是很羡慕有优秀人才的公司。总是想知道为什么自己的公司里没有优秀的人才？怎样吸引人才？事实上，每一个天才都是从零开始的。我们需要发现自己的价值，重用自己，发展自己，让公司的制度、价值和业务流程更加合理完善。

通过这种方式，让有才能的人加入自己的团队。而且这些有才能的人进来后，还得锻炼他们，培养他们成为更有实力的人。只有脚踏实地，才能实现人生的梦想。脚踏实地做事，即使是小企业，最终也将发展成为大企业，而大企业则始于好企业。因此，当我们招募财团或员工时，并没有以公司的规模为标准。我们认为好公司最终会变大，因此将优先吸收好公司。

当年广西、云南有些房地产公司规模不大，冯仑发现他们有梦想，他们的价值观和许多企业家的价值观是一样的，所以冯仑让他们加入了自己的房地产联盟，投入资金来帮助这些公司成长。时至今日，这些公司已成为当地极具影响的大企业。

歌曲中写道，"没有人可以随随便便成功"，没有理想的人，成功的可能性更小。

优秀的公司是靠理想和信念支撑的，而不是靠财务指标支撑的。多数普通人，在经济上是"合适"的，我们应该为这些支持社会的人鼓掌。只有一小部分人具有成为成功者的基因，而成功者可能只占"负担得起的人"的一半。他们对普通人保持沉默，有朝一日，他们也会成长并获得成功。

有人梦想成真，有人坚持不懈，有梦想又坚持不懈的人可能因为他内功不同，乐于并善于学习。我们可以不懂财务，可以不懂艺术，可以不懂空间和建筑。但梦想是人生中最好的良师益友,拥有梦想,我们才能继续学习。

人的梦想总是随着时间和环境在改变,但初心是不能轻易改变的。常言道,长风破浪会有时,直挂云帆济沧海。我们要做有志向的人,投资更是如此,要投资有志之士。他们一旦树立了方向,将永不改变。

5.2.3　投资即做"对"的事

投资者评估一个项目是否值得投资,需要注意以下几点。

需求:一种产品或服务要长久地满足顾客的需要,那种靠烧钱来解决问题的,现在还不是投资的首选。

商业模式:如果需求巨大,市场空间充满想象,那么接下来就考虑企业模型了,尤其是中国的实际情况。大多数行业都有很多企业进入,如果企业模型是传统的,那么它将会在红海中挣扎,尤其是在传统制造业中。商业模式创新能够带来机会,即使是传统行业,只要有创新的商业模式,也能迅速成长,这样的创新公司值得关注。

竞争力状况:竞争地位的重要性是毋庸置疑的,任何一个公司或行业都无法避免竞争。很多公司或行业评估后,前景可能会更好,比如一两年前的垂直电商,现在都在考虑出售自己。对企业而言,现实存在着许多不利于企业发展的因素,而来自同行的竞争是影响企业发展的重要因素。

产业趋势:传统产业可能有十几年,甚至几十年,几百年的平稳发展。产业发展趋势也许不是一个重要的判断标准,但对新兴产业来说很重要。当产业发展到一定阶段,就会变得更好,但一年或两年后,就会出现实质性的变化。例如,随着平板的普及,单功能的电子书逐渐式微。

团队:虽然以上四个标准都没有问题,但是团队对于评估小组,无疑是最重要的一环。一切工作最终都是由人来完成的,早期项目的团队更多地依靠人。

5.3　管理好仓位：再喜欢，最多投 30%

多数投资者容易忽视交易数量、获利兑现和止损等问题，唯有将投资的每一个环节都做到最好，才能算投资成功，才能实现长期稳定的收益。

5.3.1　投资要素中的重心：仓位管理

一个好的投资必须具备三个要素：公司好，价格好，仓位好。长期以来，我们都倾向于花时间和精力研究前两个要素：公司和价格，深入分析公司基本面，选出好的公司，耐心等待熊市或非常规事件到来，等到价格好时再出手，确实有这两个要素可以做到"戴维斯双击"。

如果投资的仓位过小，即使双击，也不会获得太多收益；如果投资的仓位过大，必然会承担更大的风险，事故一旦发生，后果将无法挽回。这时仓位管理可以同时起到增加收益和降低风险的作用。

不管资金规模多大，最重要的是仓位管理。仓位大小决定于心态。一旦出现重大冲击，仓位过重会让人恐慌，让人做出错误的判断和操作，我们应把保护本金放在第一位，其次才是利润。市场还是有赢家的，但谁也不能保证市场的涨跌，机构对此也有严格的风险控制措施。

因此,投资者在入市前,要学会仓位管理。

很多投资者在投资的时候,只关心什么时候能买卖,而忽视了仓位管理的重要性。那么,什么是仓位呢? 仓位是指投资者实际投入的资金占可使用资金的比例。

控制市场变化中的仓位是一个很重要的投资技巧。假如不能控制仓位,就永远不会成为成功的投资者。构建适合自己的投资体系和风格,学会如何管理仓位和控制风险,是新手投资者走向成熟的标志之一。尽管上涨行情中的仓位管理往往会影响到投资者的表面收益,使其暂时的总收益落后,却能使投资者在市场投资时避免风险。

仓位管理是指投资者如何分批进场,以及如何止损或止盈离场的技巧。投资者在最后的盈利环节中,做好入场、止损和止盈这些重要环节,基于良好的仓位管理技术,更容易获利。

投资者若想成为真正的胜利者,需要根据不同的市场模式灵活调整仓位,同时强化个人选股,以获得稳定的利润。

投资人若要投资成功,必须有客观简明的规则,耐心等待机会,能够理性地控制仓位,有决心迅速止损,以及有勇气扩大利润。

5.3.2　仓位管理的重心之一: 最多投资 30%

投资人一定要做好投资人的本分,即使再喜欢一个项目,一个企业,投资人也不能介入企业的日常管理中。没有人能比投资的企业管理者更有经验,没有经历过他们走过坑坑洼洼的弯路,我们的介入,可能会成为这个企业发展的天花板。因此,作为一名合格的投资人,所要做的就是相信、支持投资的企业,需要作贡献的时候,再出现。

投资人最应该在乎的,不是企业的年分红,而是企业能够上市之后,跟股权相对应的资本市场给予巨大而真实的回报。股东不仅具有权利,也有相应义务。部分投资人狭隘地将股东理解为完全享受权益收获,这并无道理。当投资人投出资金的那一刻,风险即产生,投资人要与投资的企业共进退。因此,当企业有难关需要度过的时候,不应落井下石,而应该伸出援手。这也是投资人应当具备的修养。

刘涛,著名女演员。2009 年股市大崩,刘涛的老公王珂破产了。为了还清欠款,刘涛挺身复出,从 2010 到 2014 年,总共拍了 25 部戏,还接了无数广告,一手将丈夫王珂的债全部还清。而从这段时期开始,刘涛也开启了她的投资之路,她投资乐视影视 1 000 万元,后又出资5 000万元投资了乐视体育。乐视在 2020 年冻结退市,刘涛将近6 000多万元的投资打了水漂。当许多苦主在高举横幅,要求贾跃亭还钱的时候,有人劝刘涛也一起去要钱,刘涛却说,我自己投的资,我自己承担风险。这就是一个投资人应有的格局。

投资为何最多只能投 30%? 从企业股权配置角度来说,持有超过30% 的股权,投资人基本上可以进入到企业的管理层,而持有 34% 以上的股权,投资人就能拥有企业重大决策的一票否决权。对于企业发展而言,这不是一件好事。雷士照明创立于 1998 年年底,2010 年于香港联交所主板上市,2018 年 NVC 雷士照明品牌价值 257.66 亿元,连续 7年位居照明行业第一。软银赛富曾是软银集团的子公司,后脱离软银集团独立,成为一家创投机构。软银赛富十分看好雷士照明的发展,投资近 36.5%,进入了雷士照明的董事会。但软银赛富一直以投资为主,不懂实体企业的实际运营,因此,与雷士照明的管理阶层闹出矛盾,最终软银赛富出局,连 30% 也得不到。

投资人要克服一个字——“贪”,要遵从“弱水三千,我只饮这一瓢”的投资之道。

5.3.3　仓位管理的重心之二:良好的仓位心态

仓位管理的最大目标就是保持良好的仓位心态。

　　股票市场调整是常态,投资者贪婪和恐惧的心理常常会随之出现。如果投资者是满仓持有,很容易失调,调整的时候就会被套,长线持有类似痴人说梦。但是投资者通过良好的仓位管理,手中长时间持有一些现金,在调整市场时变被动为主动,把主仓做到长线操作,就容易多了。这是仓位管理最重要的作用。

　　这对于投资者在大牛市中"逃顶"是有利的。仓位管理的基本逻辑是,高估值时低仓位,低估值时高仓位,因此,好的仓位管理者的仓位在牛市中肯定不会太高。我们并没有卖到顶点,而是卖到了高估值区域,"顶"很难确定,但是高估值区域一看就知道,卖出更容易。在牛市中,其副作用之一就是减少了收益,但在牛市中,延长的周期却增加了收益。

1. 仓位管理有利于拥抱熊市

　　巴菲特经常说,他喜欢熊市,由于能够以较低价格购买更多股票。巴菲特说得很对,因为保险浮存金可以源源不断地提供大量低成本资金。但是,熊市对于普通投资者来说,就完全不同了,一是平时现金流有限,不可能在熊市中大量买进;二是如果全仓持有,那傻瓜也不会喜欢熊市,喜欢熊市的肯定是持有大量现金的人。而仓位管理完美地解决了资金问题。一个好的资金管理者在熊市中肯定会拿起大笔现金来,像巴菲特一样去拥抱熊市。

2. 仓位管理的资金运用效率更高

　　我常用的策略是70％主仓＋30％副仓,主仓长线持有,副仓相对灵活,在达到预期收益后便可减仓出局,一般情况下,手中现金会占20％~30％。市场调整时,用这部分现金主动买进,跌得越多,买进得越多,直至满仓。随着股票价格的上涨,这部分资金很容易达到20％~30％的收益,并且随时都有可能减仓出局,等待下一次入局的机会,按年收益率计算,这部分资金的收益比长线资金高。因此,持有现金并非浪费,而是获得更高的收益。股票市场波动或调整是正常现象,持有现金,总是有购买机会的。

3. 仓位管理是保守型投资策略

不要买到最低点,但一定要买到低估值区域,不要卖到最高点,但一定要卖到高估值区域,只赚自己本该赚的钱。害怕和贪婪是常有的,而仓位管理则是完美克服了人性的巨大缺陷,让我们可以做到巴菲特常说的"别人贪婪时我害怕,别人恐惧时我贪婪"。

最后一点,仓位管理必须锚定估值,对低估、合理估值、高估要有清晰的认识。如果没有估价这一锚,所有战略都是不堪一击的空中楼阁。股票估值是基于对公司的商业模式、发展前景、行业竞争结构、公司治理等方面的深入了解。如果没有对公司的深入了解,就无法对公司进行合理的估值。高估值和低估值并不像想象中那么容易,不同的行业,不同的企业,不同的估值也会有显著的差异。这只能靠自己的商业知识积累,从企业经营者的角度来看。大市值股票的估值相对容易,参考过去的历史估值,很容易判断出低估值和高估值区域,仓位管理也就容易多了。

股市的底部和顶部是不可预测的,但底部区域和顶部区域是完全可以感知到的。不希望买到最底部,但买到底部区域就好,不希望卖在最高点,但卖在顶部区域就好,满仓穿越牛熊市不靠谱,心理波动非一般人可以承受的,而且 A 股的牛市不言顶,估值普遍高得离谱,卖出是理所当然的选择。价值投资不等于长期持股,长期持股仅仅是一种思维方式,一切都基于估值。如果 10 年的预期 1 年就实现了,那就卖出好了;如果估值始终合理而企业一直在成长和发展,我不介意持有 10年或者 20 年。持股与否,一方面取决于估值因素,另一方面取决于对公司长期发展的判断,是综合平衡两个方面得出的结果。

4. 仓位管理的基本原则

在不同的投资策略下,仓位管理方法也有所不同。但是仓位管理有一些基本原则。

永远不要把赌注全压在一起,分散仓位,多买几只比较安全。

若投资者因投资失误而导致的亏损,需要多少涨幅才能收回? 很明显,亏损小于 20％的回本更加容易。在这里,仓位管理也属于一类,如果投资者满仓被套,那只能听之任之。巴菲特"厉害"的一个重要原因是伯克希尔保险公司向他提供了源源不断的资金,而他在理论上一直是"轻仓"的。

不要认为高概率事件会必然发生,这是投资者可能会遇到偶然的连续亏损的一个重要原因。例如,猜测硬币的正面和反面,投资者真的可能连续猜错 5 次。

市场行情变化,盈亏概率也会随之变化,投资者也应适时加仓或减仓。投资者真的可能连续猜错。仓位管理最重要的意义在于它提供了一整套策略:行情不好时,不要赌得太大;当没有把握时,不要赌得太大;当看不懂时,不要赌得太大。但是,仓位管理的意义在于向我们提供了:当大好机会来了,不要轻易放过,要赌一把;当我们把握住了,不要怕狼,也不要怕虎。

仓位管理是一门艺术,是一整套风险控制方法。从仓位管理来看,投资对错并不重要,关键是做对的人能赚多少,做错的人会亏多少。索罗斯的操盘手德鲁肯·米列,刚开始只准备买下 10 亿美元。这时索罗斯问他:"你们持有多少仓位?"德鲁肯米勒回答说:"10 亿美元。"索罗斯不屑地反问:"你们把这也称为仓位?"这句话成为华尔街的经典名言。当马克对美元升值 1/4 时,他鼓励德鲁肯·米列将仓位增加一倍,最终得到了惊人的回报。

一旦我们真正明白了仓位管理之道,具体的策略和技巧都会变得简单。大多数投资者都不快乐,但仓位管理,是实现幸福投资的重要手段策略。

股票交易者有三种痛苦:被套,所以痛苦;赚了,早卖,所以痛苦;赚了,晚退出,亏了,所以痛苦。何不把交易的得失看得更轻一点,保持一颗平常心,痛苦就不会随之而来。用平常心来看待得失,人才不会活得痛苦。

闲钱投资,以"睡得着"为最高标准。许多人说,准备定投五年,相信自己的能力,这笔钱五年之内绝对不能使用,否则会破坏投资计划,最终得不偿失。也有投资者心理素质差,比如,某天一大跌就心疼得睡不着觉。此类投资者一定要轻仓,不要过高地估计自己的风险承受力。所以我们务必要确定,这笔钱五年之内绝对不会用得上。

诚然,许多人并非风险承受力差,只是不了解他的投资计划,不相信他们的投资策略。如果投资者分几批买进,就会发现,不管市场涨跌,都可以获利;假如能始终享受股市的涨跌,直面股市的涨跌,这才是真正洞悉了投资的奥妙。

世界上最强大的堡垒,一般是从内部被摧毁的。而我们的投资会失败,也是因为我们内心情绪的不稳定。我们能够面对股市的涨跌,坦率地说,是因为自己每走一步都有正确的投资理念、投资目标和投资计划。

切忌满载货物,手持现金也不是悟道。面对股市的涨跌,仓位越大,贪婪越大,恐惧越大,风险越大,操作难度也就越大。价格的微小变化就会影响情绪,最后就变成情绪的奴隶。对满仓的人来说,除了走一条通往黑暗的路,别无他法。

现金永远在手中,选择也永远在手中。巴菲特给的理由是:不要希望命运掌握在别人手里,而要掌握在自己手里,多赚点钱才能安稳入睡。但这不是建议手持太多活期存款,可以合理分配每个月手中的存款,以便进行投资。股票债务平衡策略也是这样的思路,持有债券就等于持有现金,可以随时转换成股票基金。

投资,是生活的一部分。从投资中,可以领悟人生的真谛,也可以总结人生的投资规律。

投资者大规模投资失败,其主要原因是:执行不力、缺乏耐心、情绪易波动、缺乏必胜信念等。在生活中,这些缺点也随处可见。投资要学习的不只是如何赚钱,而是要改正自己的各种错误习惯和思想,培养自己的美德,并以此为基础去承载金钱。

"成功的投资者,平和淡定",轻仓持有是一种大智慧。只有敢于轻仓的人,才是内心真正强大的人。

5.4 知止而有得：退出最好方式是 50%

现在，我们的投资环境，创业环境有了资本市场的助力，有不小的发展空间。未来每十年会出现一个新的方向，而我们现在正站在一个变革点上。现在，我们应该做的，就是将这些有潜力的苗子找出来，设计出上市公司的蓝图，帮助企业上市，在企业上市后退出 50%。这是我们应该有的布局，左手挣钱，右手布局，将鸡蛋分散放在不同的篮子里，降低投资风险，增加投资成功率。

5.4.1 CVC 和 VC 的区别

风险投资风向悄然发生了变化，公司逐渐成为风险投资领域的主导力量。在中国，互联网巨头已经对风险投资进行了多年测试，并已成为"领先的黄金大师"，在各个领域都进行了设计。

根据硅谷数据研究机构 PitchBook 的一项调查，2018 年美国对 CVC 的投资额首次超过了传统的 VC。由此，人们更加关注 CVC 的投资战略和企业结构。

从字面上看，CVC 是指 Corporate Venture Capital，它包括公司的战略投资部门（或全资子公司），公司以经理人身份设立的风险投资基金,以及以公司形式参与的风险投资基金的合伙人。

CVC 与 VC 不同,当经济增长放缓时,VC 会受到严重影响,但对 CVC 的影响并不大。

首先,从投资期限的角度来看,如果不包括外部资金,CVC 通常没有时间限制;其次,从基金目标的角度来看,CVC 并非以财务回报为唯一目的,更多的是企业开拓新兴产业的渠道;再次,从筹资的角度来看,CVC 可以使用自有资金进行投资,筹资压力不及 VC 那样大;最后,在经济衰退的情况下,公司无法通过简单地扩大规模来实现增长。它可以通过风险投资来培养和寻求新的增长点。根据经济学的基本理论,经济增长和发展的三个主要来源:消费,投资和贸易。当经济蓬勃发展时,外部需求旺盛,贸易订单持续增长、升级和定购。这种情况下,市场规模不断扩大,企业创新的意愿和动力明显不足。但是,当经济增长速度放慢时,一些缺乏竞争力的企业将难以生存和发展,市场将变得更加严格。为了适应经济发展,公司常常从被迫创新到主动创新,寻求市场机会和发展机会。

首先,从四个方面比较 CVC 和 VC:筹资、投资、项目管理和退出。

1. 筹资

大多数 CVC 是由非金融公司设立的独立子公司或投资部门。资金通常由母公司提供,不需要第三方提供。投资不受资金期限的限制。

VC 通常采用有限合伙制,由普通合伙人(GP)和有限合伙人(LP)组成。他们需要筹集外部资金,而且期限固定。

2. 投资

CVC 的投资阶段是相对随机的。由于 CVC 发起人通常是某个领域的大型公司,因此,这些公司作为市场上的成功参与者,通常具有较大的工业规模,并且熟悉行业法律。与普通的金融投资基金不同,这种类型的工业基金由于对风险的偏好而没有设定被投资公司的投资阶段,而是在产业链和长期增长中,更加注重自身的战略设计和被投资的公司。

风投将对投资阶段有一个更清晰的定义。从广义上讲,可以将天使投资,风险资本和私募股权投资视为风险资本(风险资本),但是天使投资是早期投资项目,风险资本是初期/成长阶段,而私募股权投资是成熟的阶段。另外,三者之间的差异不仅体现在时间顺序上,不同阶段的投资往往是由不同的投资者进行的,投资的数量和来源以及投资者的关注点是不同的。例如,天使投资不仅可以进行长期资本投资和协助管理,还可以进行短期投资以寻找出售资本的机会。而私募股权投资通常可以帮助投资目标完成上市后募集。

3. 项目管理

与大多数人的直觉相反,CVC 对所有项目都没有强大的控制权。在项目开发的早期阶段,CVC 可能无法理解项目的特定开发视角,因此,他们应该有更多的机会来观察项目。另外,由于母公司通常是一家上市公司,并且经常受到财务报告的限制,因此,CVC 不会轻易"控制"尚未开始产生收入(例如成为大股东)的初创公司。在项目开发的后期,CVC 尊重创始人的意见,并确定其是否具有"强大的约束力"。如果有一个重要战略性项目对母公司的主营业务非常重要,那么,CVC 将寻求紧密地联系,甚至寻求并购。

以高通风险投资公司为例,中国是高通风险投资公司全球投资活动中最活跃的国家之一。迄今为止,高通风险投资公司已在 7 个国家和地区建立了投资团队,目前在全球管理着 150 多家活跃的投资组合公司,其中 40 多家公司位于中国。高通风险投资公司始终保持宽松开放的风格,不追求项目控制。通常,高通公司将深入涉足与高通公司业务密切相关的领域,例如,IoT 企业机智云、5G 领域的 baicells、XR 方向的云英谷和 AI 领域企业大象声科。高通通常与其他基金共同投资,因此,不需要董事职位。

但是,"薄弱的联系"并不意味着缺乏合作。我们以高通风险投资公司在小米的投资为例。它在小米的两项投资不包括具有约束力的商业条款。但是,自小米手机问世以来,几乎所有旗舰机型都选择了高通的骁龙手机平台。

风投对项目的控制也很强。不同阶段的风险投资人对该项目有不同的要求。与CVC相比,VC对被投资公司没有战略需求。他们大多对项目的未来持乐观态度,并愿意注入更多的资金以换取更多的股份,希望在上市时能获得更丰厚的回报,会在公司业务发展方向上进行更多干预。

4. 退出

CVC追求的绩效不仅是财务绩效,还包括战略绩效。不同的CVC也有不同的评估指标。一些CVC追求纯财务收益,一些CVC追求纯战略收益,更多CVC寻求财务收益与战略收益之间的平衡。例如,腾讯投资首席执行官李朝晖在接受记者采访时说:"我们努力在战略价值与财务价值之间寻求平衡。如果我们认为其没有能为社会或企业增加足够的价值,自身也浮躁且不负责任,即使这个项目可能有利可图,我们也不会投资"。

风险投资只有一个退出目标:赚更多钱。只要价格合适,他们就会转让股份。当然,更好的情况是促进该项目的上市。

在退出方式上,CVC和VC相似,都可以采用IPO退出,旧股转让退出,管理回购退出等方法。但是,与VC相比,CVC有时会先进行投资,然后进行并购以弥补自身的业务缺陷,从而将被投资的公司合并到其业务中。这也是"走出去"的好方法。

另外,在投资期限方面,由于风险投资人有严格的投资期限,因此,当基金到期时,他们有时不得不"勉强地切断对他们的爱"。例如,在

2000 年 4 月，IDG 投资了腾讯的股权。由于腾讯很长一段时间没有发现盈利模式，因此，IDG 于 2001 年 6 月将其腾讯股票出售给了一家南非公司。尽管这一交易使 IDG 赢得了 60 倍的收益，但众所周知，后来腾讯的故事更加令人振奋。

大多数 CVC 都没有严格的提款截止日期。以腾讯为例，腾讯的最大股东是南非报纸集团 Naspers。这家南非公司于 2001 年以 3 200 万美元的价格收购了 IDG 资本和腾讯的创始团队 46％的股份。目前，Naspers 在腾讯拥有 31.1％的股份，价值近 1 400 亿美元，在 18 年内赢得了 4 000 多倍增长，这是一个神话。

VC 底部持续时间的缺乏和出口压力过大，决定了 CVC 比 VC 更"耐心"，也可能决定 CVC 在一定程度上具有更大的投资灵活性。

简而言之，就资金来源而言，CVC 将使用其自有资金的一部分，还将筹集资金作为 VC。VC 和 CVC 都将在不同阶段投资项目。风险投资将明确划分投资阶段（例如，基金 A 仅在初始阶段进行投资，基金 B 仅在成熟阶段进行投资），但是 CVC 在投资阶段的选择取决于公司矩阵，可以是从初始阶段到成熟阶段，同一笔资金涵盖的情况。CVC 并不需要对所投资项目进行强有力的控制，而是取决于公司的战略。在退出阶段，CVC 和 VC 都将采用旧股票转让退出，IPO 退出，MBO 退出等方法。不同之处在于，CVC 的并购退出渠道将比 VC 多，投资周期更长。

5.4.2　CVC 的投资方式

从实践的角度来看，根据清华五道口发行的《2020 中国 CVC 行业发展报告》，CVC 在制定投资决策时将考虑母公司的战略目标和财务目标，并将通过投资满足母公司的发展需求，同时获得回报，使母公司的营业利润有所增加。在此基础上，CVC 的投资方式可以大致分为以下四种方式。

1. 加大投资力度

被投资方与 CVC 母公司的当前战略和业务密切相关。公司通常会建立战略部门，直接对单个项目进行投资。战略投资的总体目的是利用母公司的产业扩张机会来实现广泛的增长。战略投资的目的不仅可以帮助被投资公司提高信用质量和行业地位，而且可以帮助其获得技术，产品，上下游业务或其他方面的优势，从而提高获利能力，推动企业的成长。

但是，由于战略投资与母公司之间的巨大协同作用，对公司控制和董事会比例的要求更高，并将更多地参与投资公司的内部管理。这就是机构通常所说的"强结合"。"强结合"有两个缺点，首先，它将在一定程度上增大两个企业之间的管理难度和企业文化差异；其次，被投资公司与其他大公司之间的合作会产生一定的障碍。

就股票退出而言，战略投资很少考虑退出，甚至要求增加持股量。大多数战略投资将建立公司的"优先购买权"（即投资者有权在相同条件下首先购买由原始股东转让的资本）和其他条款，以保护投资的利益条款。

以腾讯在搜狗的战略投资为例，腾讯和搜狗之间的关系始于 2013 年，当时腾讯向搜狗投资了 4.48 亿美元。交易完成后，腾讯立即获得了搜狗完全稀释的 36.5% 的股份。从那时起，腾讯一直增持搜狗的股份，直到搜狗在首次公开募股时拥有其 43.7% 的股份。持有搜狗股份后，腾讯放弃了自己的搜索，并将其腾讯搜索业务和其他相关资产合并到搜狗中。其针对多种产品（包括微信搜索和移动 QQ 浏览器）的默认搜索引擎成为搜狗搜索，这也使搜狗搜索流量得以保持持续增长，最终实现了首次公开募股。

此外，搜狗与腾讯还开展了全方位的绿色合作，包括——微信

(Wechat)内容源、阅文集团、知乎、丁香园等。

根据搜狗 IPO 招股说明书,搜狗董事会由 7 人组成,其中搜狐公司 4 人,腾讯公司 2 人,其余席位为首席执行官。可以看出,腾讯针对搜狗的设计具有"强大的约束力"。

2. 补充投资

这种投资形式的特点是,投标人不一定与 CVC 的母公司有紧密的业务关系,但是被投资公司可以帮助母公司建立业务生态系统。此外,所投资的公司可以使母公司了解最新技术和潜在的新业务发展机会。

基金经理通常是外部投资专家,而不一定是在母公司任职。这可以避免与财务部门或产品部门发生冲突,并保持相对的独立性和专业性。

以百度集团为例,百度集团的 CVC 设计是多维的。百度于 2016 年 9 月成立了百度风险投资公司,管理着 1 个美元基金和 2 个人民币基金,总规模超过 30 亿元人民币,专注于该领域的人工智能项目投资。2016 年 10 月,百度成立百度资本,基金规模为 200 亿元人民币,投资于泛互联网领域的中后期项目。2018 年 4 月,百度宣布成立一家专注于泛互联网和人工智能领域投资的创新公司,该基金已转换为注资 5 亿美元的基金。

尽管百度的总体发展方向是人工智能,但其投资领域有所不同。从以前的投资项目可以看出,百度参与了交通,文化和娱乐,医疗保健服务以及企业等领域的项目。以百度投资知乎为例,2019 年 8 月 12 日,知乎宣布完成总额为 4.34 亿美元的 F 轮融资,百度是其中的投资者之一。百度对媒体表示,将与知乎开展深入的战略合作。知乎网的数十亿问题和答案将以智能小程序的形式连接到百度应用程序,并添加到百度的信息流和搜索产品矩阵中,通过分布算法分发给兴趣不同的用户。同时,百度在知乎的这项投资将共同打破信息壁垒,并建立一个内容丰富的生态系统。

3. 投资"期权"

这里的"期权"是指一个选项。被投资方与母公司 CVC 的当前策略无关,但与母公司有着密切的业务关系。投资期权很难获得快速的回报,但可以为 CVC 的母公司提供战略选择。当环境变化时,CVC 的母公司行使期权,并同时获得财务和战略回报(但大多数"期权"可能不会被行使,因此有必要权衡战略储备和财务约束)。

以小米为例,最初,小米开始从手机外围建立生态链。例如,第一个爆炸性产品是紫米科技推出的移动电源;然后传播到与智能家居和智能生活有关的智能硬件,如空气净化器,小米电饭煲等;最终扩展到毛巾,鞋子,枕头和其他日用品,从而塑造了小米的品牌和价值。小米为其绿色链企业提供的扶持,包括提供早期财务支持以换取资本,提供人力资源和其他管理支持,提供产品设计和研发支持,为供应链管理提供支持,提供品牌推广,市场营销和销售支持等。在小米的帮助下,以华米、云米、石头科技和 9 号机器人为代表的"小米"公司,开创了"小米再造"的道路。

在小米的上市报告中可以看出,物联网生态链设计已成为其主要收入来源之一。2017 年,小米的物联网和消费品业务收入为 234.47 亿元,占总额的 20.5%,仅次于智能手机业务。

4. 被动投资

在战略和业务方面,被投资公司与 CVC 的母公司之间没有关系。CVC 以这种方式进行投资,主要是因为母公司属于传统行业,并且希望利用其投资的公司来测试新的业务模型,进入新的业务领域,开发新的支持技术以及更加关注财务收益。

例如,以家用电器起家的五星控股公司于 2009 年实施了战略升级,从单一运营转变为企业孵化平台。经过九年的探索,它培育孵化了三家独立的公司:"汇通达""孩子王""好想家"。汇通达是农村商业数字服务平台,而孩子王则是母婴产品销售公司。

投资论"募投管退"。风险投资退出机制是风险投资机构为实现资本增值或避免和减少财产损失,在风险投资公司发展相对成熟或不能持续健康发展的情况下,将投资资金由股权形式转化为资本形式所形成的机制及配套制度安排。风险投资的本质是资本运作,退出是获得回报的一个阶段,也是全身而退,进行资本再循环的前提条件。风险投资有上市、股权转让、股份回购、企业清算等退出方式。

投资者进行良好的投资循环比单纯的投资项目更有力。因为只有这样,投资者的资金才能被返还,以利用新的投资机会,无缝进入下一轮投资计划并实现良性投资的流通和增值,利于后期优化投资结构并控制投资总额。

投资公司优化财务状况,以方便投资的退出,确保公司现金余额流量,并改善公司财务状况。如果以高溢价退出投资项目,则可以为公司带来可观的特殊收益现金流量;如果退出的项目或业务管理不善且负债累累,公司可以有效地重组债务,以实现优化资产的目的。

优化资源分配是一种逐渐减少的退出策略,对于公司优化资源分配也很重要。例如,公司可以通过撤回投资来恢复已存放,休眠和未充分利用的库存资产,改善和调整现有的运营结构,提高资产组合使用的质量和效率,并实现资源的优化分配。引入多元化投资实体的公司可以减少其持股量或降低投资项目中的资本比例。

创业投资的本质就是追求高回报,而高回报主要不能来自传统投资的利润,而是来自这种"投资——回收——再投资"周期中所产生的特殊价值。因此,资本的高流动对风险资本的生存至关重要,也为资本提供了有效的退出渠道,从而吸引社会资本进入风险资本领域。

投资者只有在了解了资金流向后,才会主动投资于风投机构。投资公司建立稳定的退出机制,对拓宽风险资本的来源渠道,确保资金来源的正确性也是十分重要的。因此,退出机制是风险投资周期的核心。

相对于传统投资,创业投资具有更高的风险性。追求高回报是其产生和发展的主要原因。因为风险投资公司本身就具有很高的风险,所以风险投资和非风险投资项目都更容易走入死胡同。在该项目未开工时,不仅没有增加资本价值的愿望,而且能否收回资本也成了一个大问题。投资公司最不愿意看到的是,资金已经到位,却很难退出。因此,投资成功的公司需要退出,投资失败的公司需要有一个平稳、及时的退出渠道,如报价、资金转移、标准破产清算等,以尽量减少损失。

创业投资是一种循环投资,依靠高风险、高资本的循环流,通过不断地进入和退出风险,企业实现资本增值。创业投资的重要意义在于支持潜在企业的成长,因此,有限资产必须具有一定的流动性,才能支持新兴企业。如果缺少退出机制,一旦风险投资者的资金达到了预期的增值目标,就很难兑现,从而使其资产处于停滞状态,不能再寻找新的风险投资。

风投公司投资的通常是"新兴"企业(包括重组、合并和收购等)或高科技新兴企业,而这些企业的价值没有市场衡量标准,因为无形资产所占比例一般比较高。无形资产在风险资本退出机制下,被评估的公司必须考虑其未来增长,因此,投资者获得的资产增值可以作为相对客观的市场基础,从而使市场更加成熟、规范。

5.4.3　退出投资的方式

众所周知,投资获取回报是一个较长的过程,许多投资人因为资金

周转困难,想要退出投资。如果投资人想退出,可以选择以下几种
方式。

1. 回购退出

回购退出是指风险企业家或风险企业管理者通过回购投资者持有
的股票而使风险资本退出的行为。

2. 退出合并

退出合并,以并购的方式进行。

3. 从 IPO 中退出

从首次公开募股(IPO)中退出。风险企业通过上市退出风险资本
来实现其退出。

4. 股权转让退出

股权转让退出指的是风险资本通过股权转让退出。公司合伙人依
法将其持有的股份转让给他人,并使之成为公司其他股东的民事法律
行为。

(1)个人投资者转让。如投资人已完成该项目一年多,且找到了合
适的资金接受方,则可执行资金转账程序,收取指定费用。

(2)有限合伙制集体转让。如果是有限责任公司的集体转让,投资
经理会与企业家一起工作,投资者会一起寻找合适的受让人(VC/PE、
战略投资、战略合并、OTC 市场、证券市场等)。

5. 清算退出

清算退出就是退出失败投资项目的一种方式。创业投资是一种高
风险投资。对投资者来说,当所投资的风险投资公司破产时,他们就会
以这种方式退出。

2017 年,一瓶 53 度茅台酒的价格大概为 1 300 元,到了 2020 年,
每瓶单价已经涨至 3 000 元。茅台价格的涨幅对应着茅台市值的
上涨。

假如投资者拥有茅台 1% 的股份，彼时投资者的身家 200 亿元，刚好碰到需要用钱的项目需要将股份变现，或者投资者认为市值已经达到最高并想要退出。那么，如何退出，才是最好的方式呢？50%。

当投资者退出 50%，即剩下 0.5% 的股份。如果此时茅台的市值上涨到了 3 万亿元，投资者不必觉得可惜，因为自己还有 0.5% 的股份，将近 150 亿元；如果茅台的市值下降到 1 万亿元，可以庆幸，及时退了 50% 的股份。即使最后一直退 50%，直至剩下 0.01% 的股份，可能当时所对应的茅台市值，比没退的时候的价格还要高。这也解释了一辈子只要投资成功一家企业就够了。

下一个茅台在哪里？要去追求、寻找。未来的十年，时代会催生出比茅台企业更有发展潜质，更成功的企业，而我们就要从这些萌芽阶段的企业中找寻那家"茅台"。

小米、快手发展到现今的规模，我们才想到要投资，这还有意义吗？字节跳动的创始人张一鸣在他的采访中回忆，2012 年，他创业的开始

是在北京知春路一个小居民区中的一间不到 200 平方米的民房中,既能做办公室,又能做饭,十几个员工挤在民房中编程序,中午时自己做饭。当作为投资人看到这一幕,还会有投资的欲望吗? 似乎从中看不到值得投资的亮点。谁能想到,8 年后的字节跳动,市值已经达到了 2 000 亿美元? 1999 年,阿里巴巴的彭蕾在报纸上登招聘广告,当应聘者推开湖畔花园的那扇门,"烟雾缭绕",一片狼藉,一群蓬头垢面,满是黑眼圈的程序员因为熬夜打代码而精神恍惚。这样的场景让人望而生怯,又从何谈及投资? 可他们成功了,我们错过了。

如果投资者身上有 500 万元,是投一个已经在上市前 IPO 阶段的企业,还是一个早期的,具有发展潜力的企业? 如果投前者,企业的估值已经处于稳定的阶段,投资后放大的倍数也不会太高,但风险还是有的。现在有很多上市公司都出现过"估值倒挂",上市前估值 1 000 亿元,IPO 之后市值却只剩 800 亿元。当我们退出时,起始的 500 万元可能只剩下 200 多万元。如果在企业发展的早期阶段,将 500 万元分成 10 份,分别投入 10 个具有潜力的企业,不仅分散了风险,还能提高投资的成功率。而且,在企业早期阶段,企业估值不高,50 万元可能是较高的股权投入占比。在未来企业成功上市时,所获得的收益将大大超出预期。

5.5　最好的投资：投资他人，投资自己

有人说，投资最好的方式是"抱大腿"，这也是一种投资策略。每个人在未来，都能在投资历练的过程中，形成一套自己的投资方法。

5.5.1　投资的目的：投资人和事

沈南鹏在分享自己的投资心得时曾说过，他很后悔当年没有参与字节跳动的第一轮投资。虽然他参与了第二轮的投资，但第二轮与第一轮相差了整整 50 倍。当时不止百度、搜狐等一些大企业都有在做搭建平台信息推流这一块。但大企业都没有做成功，张一鸣的"小作坊"能成功吗？沈南鹏说服不了自己，因此后悔莫及。巴菲特也曾提及后悔错过亚马逊的投资。

当投资别人的时候，还要想办法投资自己。自己做的决策，不会太为难自己，但别人做的决策，我们总会想办法去为难别人。这就是人性。人不会选择跟自己过不去，当自己痛苦的时候，总会想办法将痛苦一点点消化掉。

因此，投资他人的同时，也要投资自己。

其实，未来十年，没有人能保证投资什么会赚到更多的钱，但是有

一些好的方向。有钱的话,可以考虑现在投资组合,这样在现在和未来都可以降低投资风险,获得价值。

1. 股权投资

股权投资是一种追求长期利益的投资方式。大家应该经常听到这样的消息,一家上市公司让很多股权投资者一夜暴富,说服了很多人投资股权。投资不是 100% 盈利,股权投资只有 30% 左右的成功率。但近年来,成功的股权投资层出不穷,因此股权投资很可能在未来 10 年达到新的高峰。

2. 私募基金

私募基金对于部分人来说可能比较陌生。其实私募基金目的是为一些指定的投资对象募集资金,但缺点是门槛太高,不适合普通人。但对于一些公司来说,这将是未来十年相对有价值的投资项目。

3. 投资自己

最有价值的投资就是投资自己,这是一个永远不会亏钱的项目。可以在很多方面提高自己,让自己变得更好,以获得更多的财富。

不同年龄段的人有不同的投资方式。或者可以说,在进入下一阶段的自我投资之前,必须提高自己投资的水平。这个投资问题实际上是一个过关斩将的过程。

投资自己,可以分为三个阶段。

21～27 岁,疯狂学习。这个阶段的目标是:积累知识。

28～35 岁,赚钱,以充分解决生计问题。这个阶段的目标是:原始资本积累。

36～55 年,投资于项目,业务和机会。这个阶段的目标是:通过投资带来 N 倍的利润。这是从 0 到正无穷大的增长。

未完成对知识的第一级投资的人无法实现原始积累,而尚未完成原始积累的人则没有金钱或知识可以投资。因此,那些认为投资原则是空话的人应该仔细考虑他们是否已经达到,甚至超过了一定的知识积累水平。

下面来详细讨论这三个投资阶段。

第一阶段:21～27 岁,疯狂学习。这个阶段的目标是:知识积累。这是非常现实的,需要靠自身的努力去完成而无法投机,因此大多数人不能完成。21～28 岁,积累自己的知识。积聚知识的核心是快速学习,快速学习和找工作这两件事有着直接关系,知识和收入是成正比的。不能错过最好的学习年龄,因此要做的就是快速学习,不要投入过多的精力在那些与学习无关的事情上。

我们学什么? 学习如何做人,学习如何做事,学习如何管理自己,这就是我们所说的"正义感"与"家国情怀"。首先,要学会的就是如何做一个人。一个正直的人,一个有效率的人是做人的基础。如果按个人原则做事,很容易会影响到工作和学习的各个方面。这是根源问题,而学习技巧是解决问题的工具。其次,学会只做一件事情。这个品质比学习技巧更重要。因为我们不可能掌握所有的技巧,但可以系统地去做,从结果反推,为问题的解决提供理论依据。最后,学会管理。简单地说,就是能够调动资源做更重要的事。不但要自己做,还要和同事,伙伴合作,提高自己的绩效。管理部门通常已在较高的层面上考虑到了这些问题。那些因公司制定目标而备受困扰的人,问题在于他们并不会把精力放在对自己的知识投资上。

同时,学习技能和投资技能之间也有间接关系。大多数人都安于现状,投资与这些人就毫无相关。因为他们不知道如何投资,即使他们住在数百万的房子里,也没有办法利用这项资金来获得更多的收益。

第二阶段:28～35 岁,赚钱并彻底解决生存问题。该阶段的目标是:必须将原始的资本积累再分为两个较小的阶段。第一个小阶段是解决生计问题;第二个小阶段是启动投资行为。简而言之,在第一个小阶段中,必须解决温饱问题;在第二个小阶段,必须开始学习如何用钱来"生"钱。此时的投资行为表明,投资者已经进入了下一阶段,尝试二级市场投资积累。在最初的小阶段,投资者可以做的是原始资本积累。原始资本积累是将生产资料集中在少数人手中的过程。因此,在此阶段,投资者考虑的问题是:如何赚更多的钱?作为公司高管,无论是期权,股利,还是薪水,投资者都能由此得到资金,而积累的知识应该应用于商业获利上。投资者还有更多的东西要学习,而不断增加的知识将贯穿一生。

在原始积累的这个阶段,我总结了完成工作的原则,即解决特定人群的特定需求的能力。

第三阶段:36~55 岁,投资于项目、业务和机会。这一阶段的目标是:通过投资获得 N 倍的利润。这一阶段完全是投资行为。下面我将对投资行为提出一些自己的看法。投资,意味着拥有"多余的钱"。我们已经有房子和车,而且也有足够的银行存款。除了这些,我们还有一些钱。这些钱存在银行里,利率很低,算上通货膨胀,毫无疑问,这是一种持续的损失。因此,要把钱投进去,很明显 ROI 越高越好,最好有 5 倍,10 倍和 20 倍的投资收益率。

无论是投资股票,房地产,还是互联网公司,投资本质上都是投资两件事:人与事。如果遇到值得信赖的人,做值得信赖的事情,就值得投资。投资不是投机购买股票,而是购买公司股权,由公司运营可靠的业务。如今,可以购买一些巨头企业的股票。因为这些巨头企业不仅拥有明确的盈利模式,他们同时还收购了其他几家大型公司。因此,这些巨头企业发展相对稳定,可以购买他们的股票。互联网公司的投资也是一样的道理,投资者是需要利润的。投资者通过尽职调查发现,被投资企业在行业领域或被投资企业的创始人是值得信赖的,并且在萌芽期,他们有少量盈利,那么投资该公司的未来发展是十分值得的。一旦这家初创公司表现良好,投资者后期将可能获得非常客观的收益。

5.5.2　企业家如何寻找投资者

企业家在找投资人之前,一定要确定自己有一个不容易复制的项目。当然,项目已经开始产生利润。接着,我们要有自己的融资计划书,随时准备给投资人看。

1. 寻找投资者

如果这项目满足条件加上一个不错的融资计划书会,大大增加被投资的概率。那么,如何寻找投资者呢?

(1)利用媒体寻找大量的投资者信息,或者通过媒体发布信息,可以主动寻找投资者。

(2)经常参加各种创业和投资聚会,以便与投资者取得密切联系。

(3)利用人际关系寻找投资者,因为朋友越多,圈子就越大,了解投资者的机会就越大。

(4)通过专业的融资平台寻找投资者,平台通常会安排路演,更容易融资成功。

2. 投资还需要有一定的心理准备

在投资之前,为了取得最大的成功,必须克服几种不健康的心理。

首先,不要把投资看得太神秘。本质上,投资意味着牺牲当前消费来增加未来消费。

投资并不神秘。因为每个人都在投资,每个人都是自己的投资者,只是没有意识到而已。比如,小时候,父母就知道要送我们上学,这也是一种投资。父母知道,只有受过良好的教育,才能在未来有更好的发展和工作,取得更高的工资以及更大的成就。在大学里,有些学生会用自己存的钱为自己"充值"。他们知道这对未来踏出社会是有裨益的。这种投资,我称之为智力投资。工作后,将存的钱用来投资,比将多余的钱存到银行所获得的收益更高。如果没有在一开始做好准备，以后可能会露宿街头。投资就是这么简单。

其次，不要在投资上设置"偏差"。

许多人认为努力可以致富，这个想法是正确的。如果努力工作，得到了足够的东西，我们真的可以通过工作致富。问题是很多人工作后发现工资总是那么少，除了基本生活费之外，所剩无几。

至于那些奢侈品消费品，比如，汽车，房子，更遥不可及，那些稍微贵一点的东西，就会让人舍不得花钱买。这是怎么回事？其实，原因很简单，就是大家都习惯了智力投资，很多人都在实践。因此，世界上到处都是人才。

但是后一项投资——让"钱生钱"——并没有引起大多数人的重视，因此，世界上到处都是有才华却没钱的人。

其实，投资有两种基本形式，一种是对自己能力的投资，另一种是用钱赚钱。用钱赚钱，也就是投资致富，是很多聪明人的选择。假如 20 年前往股票市场里投入 1 万元，20 年后可能就能拿到 280 万元！而在此期间，我们不必为别人打工，也不必忍受复杂的人际关系。这就是投资的魅力！还是那句话，不要小看投资。许多人不投资，是因为他们认为没有足够的钱能投资，认为钱这么少，就算有钱赚，也解决不了当前的生活问题。这其实是一种自我安慰的想法。事实上，财富是一棵大树，它是由一颗种子发芽长成而来。许多巨大的财富来自最小、最原始的一枚枚硬币。

众所周知，许多有钱人，他们的投资生涯可能从卖报纸开始，甚至从捡垃圾开始。对他们来说，现在有多少钱，并不重要，重要的是以后能拥有多少钱。大胆行动，不能畏首畏尾。

我的一个朋友，前几年看到别人买店面赚钱，也动了心思。当时他有十几万元存款，按照当时的房地产市场，投资一个 40 平方米到 50 平方米的店面不是问题。但是，他总是憧憬未来，害怕风险，最后拿不定主意。现在，他想投资的店面迅速升值，比原来的售价翻了一倍多。看到这，也只能深感遗憾。

现实生活中，这样的人不在少数。明明机会很多，却总是前怕狼后怕虎，选择观望，等到别人赚钱了，再想下手，早已来不及了。

其实，任何投资都是既有风险，又有机会的。坐在家里，钱不会从天上掉下来，所谓"你不理财，财不理你"。当然，大胆行动不是盲目行动。机会总是照顾有准备的人，投资赚钱也不例外。必须有敏锐的经济头脑，进行必要的市场调查，学习相关的知识和技能。只有当我们平时努力学习知识，积累信息，一旦投资赚钱的机会出现，才能迅速作出决定。

赚钱的机会总会有的，只要有梦想、有勇气。这是一种理念上的抬升，比其他事情更重要。我十分认同思维造物。我与中国的企业家打交道了这么多年，了解中国的培训咨询行业，我依然认为，中国企业家最应该学会的是思维架构。大脑是世界上最复杂的结构之一，包含着1 000多亿个神经元。与数字计算机相比，许多人认为计算机比大脑更厉害，可是根据最新研究报告，人类的大脑更高效，能处理更为复杂的任务。对大多数人来说，大脑只开发了不到10％。爱因斯坦的大脑也只开发到了13％。这足以证明人的大脑还有无尽的潜力。因此，要注重思考和学习，在不断学习的过程中提升自己，在交流中不断升华理念。

当消化了投资的五大铁律，对投资的逻辑才会更加清晰。

第六章

06

投资的思维框架

我们通过学习投资界大佬们的投资之道，并结合 2 000 多家企业的成长情况，总结出一套涵盖投资各个维度的思维框架。

　　这个框架包含了五点：看透人、看懂事、看风口、看节奏、看心态，这五点凝聚了许多人、许多年的智慧结晶，能够极大程度地帮助投资人少走弯路。

　　企业的发展是一个方面,在未来这些年,投资将是一个主题,因为这是最好的一次机会了。国家共建的蓄水池,就是资本市场。资本市场则构建成了一个新的蓄水池,其目的就是为了投资。投资给一些好的企业,成长期的企业,我们应该从何处着手呢?

　　投资思想家查理·芒格曾说过,我们必须有浓厚的兴趣去弄明白正在发生的事情背后的原因。如果我们能够长期保持这种心态,关注现实的能力将会逐渐得到提高。如果我们没有这种心态,即使有很高的智商,也注定会失败。

　　投资也是一样的道理。投资其实是十分复杂且烦琐的,许多人用尽一生去研究它,也不能窥其全貌。而投资中的许多规律也正在被大多数人分析和研究。对于投资人来说,将这繁杂的影响投资的各个因素、变量在不同维度中进行简化十分必要,即做通俗所说的大纲,也就是投资的思维架构。但很少有投资人会在投资领域做系统总结,或者说,每个投资者所做的关于投资的系统框架都有各自的理解,而所做出来的理论框架也各不相同。

　　无论是巴菲特,还是费雪等投资大师,他们背后都有一套关于投资操作的清晰架构体系。而我们鲲鹏咨询学习和思考了投资界大佬们的投资之道,并结合 2 000 多家企业的实际状况,总结出了一套囊括一切投资所涵盖的各个维度的投资思维架构。它包括了以下五点。

　　看透人——看懂事——看风口——看节奏——看心态。

　　这五点从理论层面笼统涵盖了投资所涉及的层面。无论学习哪一种投资理论体系，都能在这一套思维架构中找到相对应的节点并能套用。记忆方法中讲究一种"记忆宫殿"法，思维机构体系也可以类比作一座"宫殿"，每个房间对应一个论点，而我们可以将我们学习到的与投资相关的内容放到对应的论点"房间"中。这个思维架构凝聚了许多人，许多年的智慧结晶，能极大提高学习效率，让投资人少走弯路。

投资的思维框架与鲲鹏"三体"模型围绕"人""事""心"三个方面不同。投资的思维框架侧重于企业投资的五个方向，而鲲鹏"三体"模型主要阐述的是企业经营的三个方向。这两者因为目标对象不同，所对应的思维层面也不尽相同，但是许多人很容易将两者混淆，从而在应用中不得其所。投资的思维框架同鲲鹏"三体"模型一样，有包含"事"和"人"两部分。无论是在投资，或是企业经营中，成事与团队都是至关重要的内容。所谓做企业，或是做投资，其本质不过是一群人，做一件事。但两者还是会有不同的地方，后文我会对之进行详细解析。也可以在学习投资思维框架的同时，与鲲鹏"三体"模型做对比，不仅可以帮助读者更快理解，同时也能加深读者对这两种模型/框架的印象。

6.1　看透人：怎么找到对的人

投资的第一步，要有一双"火眼金睛"，不仅要看投资项目或企业本身，更重要的是要找到对的人。"人"不仅是投资的核心之一，更是投资五大铁律中的重要一环。"看人"有一套标准，但投资时又不只单看这一套标准。我们投资的第二步，即学会调整心态。

6.1.1　成功的人起于"内因"

俗话说，无论在哪里，成功的人都能成功。

决定一个人未来成功与否的关键，在于那个人的"内因"。成功者的"内因"包含多个方面，不仅需要具备勤奋、坚韧、耐心、智力等品质，同时还包括看待每一个机会与挑战的思维方式。思维方式不仅决定了一个人的行为处事，更决定了一个人未来能否成事。没有良好的思维架构体系的人或者说思维架构体系混乱的人，又怎么能够放心地投资他，放心地容他不断试错呢？一个人的"内因"不像外表一样，能看得到，摸得着，我们只能通过其物化出来的现象来判断这个人是否具有相关的品质，如名声、财富和地位。

针对初创企业的天使投资，因为企业处于初期阶段，没有办法直接通过企业的实际效益来判断，也无法直接对所遇到的项目给予定论，只能通过项目的负责人或团队来决定投资是否有价值。

哈佛商学院曾做过一项研究，他们跟踪了美国上千例创业团队后得出一个结论，创业失败90％的原因在于团队和创业者自身的能力不足。在企业的创业期，"看人"其实就是看项目。所说的"看人"并不局限于看他们的高学历、社会阅历、层次或者专业素质。事实上，许多看似"高端"的创业项目，最后都可能因为人的原因而失败。除了考虑创业团队的构成、知识结构、资源和专业经验外，团队中核心成员与骨干成员的关系也是十分重要的，这关系到团队的凝聚力以及企业能否长远发展。而最主要的是看核心创始人的"想法"，他的想法、理念、决心以及态度，在很大程度上决定着团队、项目，甚至企业的可持续发展。

普通投资人评估创始人，一般着重对项目的考察，包括团队、产品、市场、计划和数据等，却往往忽略了对创始人本身的了解，这也是普通投资人和投资大师的区别。

创业者融资，在推进项目同时，持续推进项目融资需要极高的毅力和耐力。因为企业早期融资难度很大，融资成功概率又很低，而且早期的项目会出现各种问题，因此不需要过于强调规范，只需尽力往前推进即可。此时最重要的是不能牺牲原则，如产品质量。产品或服务中时间节奏很重要，但也不能为了抢时间而牺牲产品或服务的质量，宁可拖延时间，也不能降低质量要求，这也是融资者必须具备的底线。

这还考验着投资人理性与感性的较量，毕竟投资是有风险的，谁也不能肯定它一定能带来丰厚的回报。因此，一位理性的天使投资人，在评价项目是否符合行业发展趋势的同时，也要考虑创业者提出的模式是否具有行业前瞻性，同时，还要评价这位创业者是否具有一定的领导能力和号召力。朱元璋虽然出身于底层,但有带兵打仗的能力,也算是一位有能力的创业者。不只是独立投资者,机构投资者由于要为自己的投资负责,对企业家的要求可能会更严格。

当然,还有一些天使投资人是比较感性的,不愿意花太多精力调研项目的可行性或项目创始人的背景,而是通过创始人的讲述,或依据自己的个人判断而投资。这类投资人一般是拿个人的钱做投资,因此权限较高,也比较自由,有的甚至不太在乎投资是否成功。

即使如此,投资人凭什么在见了创业者一面后就决定向他投资呢?创业者肯定要拥有自己的优势,比如,以往的经验,无论成功或失败。

晨兴资本的刘芹在投资小米之前,雷军曾给她打了一个长达 12 小时的电话。在决定投资小米后,刘芹笑称,他一直在等雷军给他打这个电话。他如此支持雷军,是因为他觉得雷军早在 10 年前就一直在思考和捕捉这次机遇。他不仅相信这个项目的可行性,更相信雷军。

虽然刘芹错过了凡客和刘强东,但并不代表他们失败了,只是在当时的情况下,他们不愿意承担风险。但他们实际上也没有损失,他们也在这样的投资理念中获得了其他的成功。

6.1.2 何为"内因"

总的来说,我们"看人"一般可以遵循以下几个标准。

第一,格局观。即我们前文所说的"起心动念",创业者的初心能够决定这件事情能做多大。秦月啸创办工猫的初衷是为了"让农民工有尊严地打工"。农民出身的他为了救被困在黑工厂的农村兄弟,带领着一帮人冲进工厂,将人带了回来。其实,投资人会尝试在与创业者聊天的过程中找到打动他的点,因为数据会随着发展而变化,到最后反而变得不那么重要。

第二,权威性。创业者对自己提出观点是否清晰且已深刻理解,这是投资者与创业者接触时需要反复检验的。这具体体现在"讲得是否清楚""想得是否明白"。同时,投资者也要注意避免盲目跟风。

第三,领导力。这里的领导有两层含义,一种是确保基层的员工能各司其职,另一种是作为团队的核心,能够让团队具有凝聚力,带领团队有方向地前进。COO,我们所说的就是执行官,符合领导前者的含义;而CEO总裁则应当是后者,要将他的方向感和号召力发挥出来。

第四,独立思考和尊重事实的能力。独立思考对于普通人来说,是至关重要,更何况创业者。没有独立思考能力的人,只会人云亦云,如何让投资人能够信服?当创业者遇到没有经历过的事物时,会不会信口开河,胡乱指点江山?作为投资人,我们不仅要了解创业者提出的模式的壁垒、下一步规划以及团队胜任力,同时还要观察创业者是否能够提出足以支撑发展的理由和观点,切忌讲空话。

第五,质量。"质量"指的是一种经过时间积累后所自然散发的特点,别人可以通过观察来感知。质量一般体现在细节上,例如,守时、行动力等。事实上,大部分的创业者都无法做到"简洁地回答问题",无法用"是"或"不是"回答问题,比如,"是否盈利""之前是否有类似的经验""产品的用户数量有多少",许多人不能简单明了地回答,而是顾左右而言他,或是没有清晰高效的思路,说不出重点。如果对方出现了这类情况,说明他对自己现在所做的事情没有深刻地理解,因此,漏洞百出。而这也是导致许多问题产生的原因之一。人的"质量"越高,项目或企业才能走得更远。

第六,平衡利益的能力。平衡利益的能力可以在最大程度上保障创业者与其他利益方维持良好的关系。当创业者的项目或企业会大概率成功,那么将会吸引许多投资者或合作伙伴,通过各种渠道寻求合作或资源。但项目或企业还处在初期阶段,创业者如果不能平衡好与各个利益之间的关系,将会严重影响到项目或企业的成功。

第七,不同的表达方式可能会带给人不一样的感受。比如,同样的估值,方法一,投资者按照现有的估值投资三个点,创业者出让一个点;方法二,投资者按照现有的估值投资两个点,创业者再送一个点给他。可以发现,同样的事情,创业者不同的做法带来的结果也不同。方法一可能会让投资者感到不舒服,从而产生隔阂;方法二既保住了创业者的估值,同时也满足了投资者的需求,是"双赢"的结果。

6.2　看心态：怎么调整心态

人最不能接受的是自己的平庸,而在追求一夜暴富梦想的路上却容易抵制不了各种诱惑。投资市场不可能一帆风顺,单边走惯了,也会被震荡洗盘、扼杀。市场的规律就是如此。眼前所看到的利润,可能只是海市蜃楼。对于投资者来说,严重影响其投资的心态包括:犹豫不决、情绪失控、鲁莽、恐惧、急躁。

6.2.1　心态左右成功

心态左右情绪,情绪影响选择,而选择决定命运。克尔凯郭尔说:"要么我们去驾驭生命,要么是生命驾驭我们。我们的心态决定谁是坐骑,谁是骑士。"

心态有两种,一种是积极向上,一种是消极丧气。当我们用不同的心态面对生活,收获的将是截然不同的人生。俗话说,人定胜天。这并不是说我们可以直接改变客观世界。从宇宙宏观角度来看,人类犹如微粒细小,我们只能先从自身内心开始改变,进而带动其他人的改变,而无法要求别人遵循我们的规定而改变。人能改变的只有自身。"此有故彼有,此生故彼生。"我们用什么样的心态来认清自己尤为重要,积极向上的心态能够帮助自己收获幸福和财富,而消极丧气的心态只能引领人生走向下坡。唯有认识到心态的重要性,加以重视,树立正确观,才能实现心态的改变。

智慧能解决问题,而一个健全又正向的心态,才能够让我们摆脱问题。良好的心态让我们遇事更加从容与淡定。我们无法掌控生命的长度,却能掌控我们的态度。我们左右不了天气,却能控制我们的心情。除了外在条件,如家庭背景、环境、运气等,人与人之间的区别并不大,但有的人事业成功、生活美满,有的人却事业失败、穷困潦倒。这不仅是因为思维方式的不同,在心态上,成功者与失败者也有着很大的不同。

拥有积极心态的人,往往充满自信,且意志顽强,能够坚定自己的信念不放弃,努力扫除人生道路上的困难,并最终获得成功。而缺乏积极心态的人,意志较为薄弱,比较优柔寡断,遇到困难时很容易动摇自己的想法,甚至开始质疑自己,遇事先想最坏的结果,而不是要怎么克服目前的困难。常言道,天将降大任于斯人也,必先苦其心志,考验的就是人在困境中的心态。如果一开始就举白旗,自乱阵脚,更别说突出重围了。

事业成功除了外在条件,内在的思维和良好的心态能够为我们的成功创造条件。任何事都不会无缘无故成功,事情的结果往往与我们对事物的认知和心态一致。因此,保持积极向上的态度和具有创造性的思维方式,才能在困难面前不被负面情绪所左右,对事情有一定的心理预期,从而扭转局面,创造奇迹。

在股市中,无论处于优势或是劣势,重仓或是轻仓,我们都要明白股票涨跌都是正常的。不能因为一点风吹草动就坐立不安,或抛或买,忧虑是跌还是涨,担心仓位重,大盘继续下跌,仓位轻踏空,使自己心理压力过重,甚至难以入眠。

股价涨幅曲线也是投资者的心情曲线。即使弱势市场,股价也可能会有强反弹,强势市场也会有大的回调。如果没有调整好心态,轻举妄动只会越做越错。投资的五大铁律中,"退出的最好方式是50％",就可以帮助自己调整良好的心态。

当抛出股票后,这只股票突然就涨了,但我们却不会因为抛出50％而觉得后悔,反而会因为剩余的50％股票的上涨而感到庆幸。有长期在二级市场研究的投资人对此总结出一条规律:怕不跌就买点股票,怕不涨就抛点股票。其内在的道理是一致的。控制仓位再合理换位,不但能控制收益,对心态调整也有着重要的影响。投资一级市场的原理与二级市场是一致的。

同时,遵循"再喜欢,也只投30％"投资铁律,也能规避风险,避免因投资失败导致情绪的起伏。只有拥有好的投资心态,才能在市场长久地生存。中国股市不缺少勇气之人,缺少的是运筹帷幄,屹立不倒的勇士。

接触过二级市场的人都知道"高抛低吸",这听起来容易,但实际上操作起来没有那么简单。当我们处在下跌趋势时,这时买进股票也是处在相对的低位。而在上涨趋势做多的人,此时抛出的股票也是在相应的高位上。因此,可以说,只有调整好心态,才能指引我们走向更加合理的投资操作,获得不错的收益。

投资好似一片汪洋,没有尽头。不必羡慕他人的成功,只要参与进来,也能凭借自己能力,创造奇迹。聪明人看未来,智慧人回头看。投资不是一步登天,一夜暴富的人少之又少。不必妄想幸运之神的眷顾,而是要靠自己,一步一步脚踏实地向前走。千里之行,始于足下。而不积跬步,何以至千里? 大海,也是无数河流汇聚而成的。

6.2.2 心态的八条建议

想要调整好心态,在投资上占有一席之地,以下八条建议可供参考。

（1）学会控制自己，等待合适的机会。心属的项目或企业很多，但没有做好相关调查而一味地投入，结果可能以失败收场。只有控制自己的意愿，在合适的时机出手，才能获得较大的赢面。

（2）投资的质量重于交易的数量。频繁的交易在窄幅震荡的市场中并不具有优势，而应该降低交易的频率，等待最佳的时机。

（3）做好应对任何局面的准备。要想在市场生存，就要预先准备好应对各种可能出现的问题，这样才能在问题出现时果断解决。世事无绝对，成功往往属于有准备的人。

（4）时刻保持警觉。在窄幅震荡的市场中，很多投资人会被表面的现象所麻痹而放松警惕，要知道在我们看涨时，突然下跌也是很有可能发生的。

（5）及时止损，及时获利回吐。市场上有许多投资者明明已经遭受了很大占比的损失，却还不及时跳出，而是抱着空想，期待价格变动，最后只会步入深渊。

（6）合理控制仓位，不盲目从众。

（7）做有规划的投资。投资规划的关键在于清楚自己该何时进场，何时退场，及时止损和及时获利回吐。

（8）正视自己的错误。股神巴菲特，也不能保证在投资中不犯错，他成功的秘诀在于在犯错中不断学习，避免重复犯错。

投资过程中，过分小心谨慎，即使已经做好万全的准备也不敢轻易踏出第一步，而在瞬息万变的市场中，每一秒都可能发生变化，而变化又使投资者更不敢前进，结果只能陷入死循环，最终遗憾退场。为了避免这种情况的发生，可以在进场时做好承受亏损的心理准备，同时严格执行自己制定的投资计划，并在平时生活中养成果断的行事作风。当投资者面对接连的亏损时，心态很容易崩塌，由此产生的失去信心，破罐子破摔，不仅容易错失挽救的良机，更让结果无法收拾。因此，对市场有一个宏观的看待,面对市场走势,能专心于自己的投资计划并严格执行,对投资者来说,至关重要。投资者最需要的是冷静与理性。市场趋势瞬息万变,冷静客观的分析能有效避免做出错误的决定。

分析行情,制定好投资计划,果断执行,并调整好自己的心态,在市场中多学习,汲取经验,打造自己强大的内心。状态是自己做出来的,而不是等出来的。失败往往发生在彻底放弃之后。设置止损是一个概念,我们可以先知先觉地领导市场。一个人要先经过困难,才能踏入顺境。

赢了,不用太高兴,输了,也不必太沮丧,从头再来。

投资切忌"赌徒心态"。投资只是我们生活当中的一部分,愿赌服输。切记,不要孤注一掷,不要把所有的鸡蛋放在同一个篮子里,而要学会分散投资。投资应该是一件快乐的事情。要明白,10 个篮子的蛋,不一定都能孵化出凤凰,也可能会孵化出小鸡。要学会左手赚钱,右手投资,再将投资赚来的钱投入企业的发展中去。而赌徒心态则是无穷无尽地"下一把",赌博的终点只有一个"输"字,因此,投资不能用"赌徒心态"来对待。

6.3 看节奏：怎么把握入场的时机

三大投资技巧：一是分析市场情况；二是知道如何控制风险；三是严格执行市场操作中的获利止损，及时停止亏损。要控制这种情况，因为资金不能超过市场条件。人在困难中会呈现不同的状态，积极的人看到机会，而消极的人则看不到希望。在快速变化的市场环境下，必须抓住每一次机会，抓住机会就相当于抓住了明天。

6.3.1 投资的成功之法：把握节奏

看透人，看懂事以及看风口，前文都有详细的说明，而看节奏，是整个思维架构中最为重要的。听完企业的融资计划书就去投资，这个节奏对吗？这个企业第一年刚接触，我们尽职调查一次就投资，这个节奏对吗？不对。

节奏感是十分重要的。一个企业的发展，投资、融资需要经过多个阶段：

(1)天使轮的阶段；

(2)天使投资机构的阶段(VC)；

(3)PE(A 轮)的阶段；

(4)PE(B、C、D……轮)的阶段；

(5)PRE－IPO 的阶段；

(6)IPO。

这就是整个企业融资的节奏，根据每个阶段的逻辑进行。每个阶段的节奏点都各不相同，其背后的深层次道理也不尽相同。假如我们在天使轮阶段，非要让被投资者拿出一个好看的财务报表，是强人所难。

在投资问题上，人们首先要对其有一个清晰的认识，理清其内涵。投资不是一种投机行为，它需要人们投入一定的时间和精力，结合外部环境将风险降到最低，才有可能实现既定目标。在此基础上，人们妄想实现"一夜暴富"的愿望，显然是不切实际的。投资并非致富之道，而是合理配置资金之道。人们通过投资，可以养成良好的生活习惯和理财习惯，对自己事业的发展起到积极的促进作用。

投资人一定要找到正确的方向，并朝着正确的方向稳步前进，达到自己的目标。如果我们没有把握好正确的节奏，就有可能造成损失，破坏正常的生活节奏。

私募股权投资，包含风险投资，通常被称为 PE/VC。自 20 世纪 90 年代初登陆中国以来，私募股权投资早已深入各个行业，创造了许多如阿里巴巴、京东、拼多多、小米、百度、今日头条、滴滴、智联招聘等行业巨头。然而，每家成功的企业背后都有数百家，甚至上千家类似的企业在不断尝试中失败、退出，也有不少私募股权基金机构在数次投资中回报低下。因此，寻找出私募股权投资的成功之法是所有投资人所追求的。

敏锐观察到好的投资机会并把握住，是股权投资成功的基础。机会总是转瞬即逝，投资者必须有能力抓住它。对于投资者而言，找到合适的投资对象，是股权投资成功的关键。投资者通过不同的方式和渠道来寻找合适的投资目标,而把握住时机,对于私募投资成功来说,至关重要。

6.3.2 如何把握时机

时机,可以拆分为两部分:时间和机会。

私募股权投资的敌人是时间。每只基金的存续期限一般为 5～12 年,投资期和收获期各占一半。而私募基金管理人必须在 3～6 年的投资期内,将募集来的资金全部投放出去,未投出的资金必须返还给投资者。一般单个项目的投资额原则上不超过基金总规模的 10％～15％,基金的项目通常在 20 个以内。由此得出,在此投资期间,每年私募基金至少要投 3 个以上的项目。

基金项目筛选的占比多为 1％。投资 3 个以上的项目十分耗时,因为需要经过尽职调查和资金审批流程,同时需要至少数百个项目以备筛选。投资期间的项目审查、尽职调查、谈判和审批耗时巨大,是私募股权投资面临的主要压力。如果基金经理人的时间分配不科学、效率低下,那么,可能无法完成自己的投资目标。因此,一些基金经理会迫于压力,也出于对成功的渴望,而放宽投资标准,急于求成,最终造成投资失败。

投后管理是私募股权投资面临的第二个时间压力。为了被投资企业能在期限内迅速发展,并在退出前达到预期收益,私募股权投资会为企业提供相应地支持。如果投资价值等于退出倍数的估值,则投资的价值增加取决于企业获得了多少利润。在竞争激烈的环境下,被投资的企业必须具备良好的管理和强大的执行能力,才能保持高速增长。基金存续期其实时间并不长,如果过了期限,企业的成长没有达到预期,则难以升值。

退出和套现是私募股权投资面临的第三个时间压力。一般的退出方式有上市、战略销售和回购，且每一项都必须做好提前的计划，实施也需要时间。交易窗口并不是一直开着的，股市动荡，大手交易的机会一闪而过，因此，基金机构必须抓住机会，迅速行动。

私募股权投资的进入和退出时机非常重要。在正确的时机下，可以大致了解自己的投资能否成功。以零售投资为例，第一个十年是零售业的黄金时代，但近年来该行业受到电子商务的打击，其价值一落千丈。如果当时的私募投资人没有及时退出，如今只能后悔莫及。事实上，投资人在正确的时机选择退出，比在正确的时间入场更难。我们可能会因为市场低迷时卖了股权觉得可惜，而等市场处于高位时，又害怕失去未来的盈利。因此，私募股权的投资者容易被贪婪和恐惧所困。

如果将时机用横纵轴表示，纵轴是时间，横轴是机会，能够决定私募股权投资的成败。那么，机会从何而来？

随着计算机革命、互联网、新能源、生物技术、社交媒体、光纤通信和共享经济等创新浪潮的来临，给投资者创造了很多机会。成功的私募股权投资者都是在一定程度上抓住了这一波浪潮创造的机会。私募股权投资的成功来自他们所支持的明星企业和新兴产业。过去，中国的技术创新很难，因为它需要基于技术积累、全球用户基础和深厚的商业逻辑。然而，当今的新技术领域，将发达国家和发展中国家置于同一起跑线上，中国各行各业的创新，随时都在发生。例如，大数据、无人驾驶、人工智能、社交媒体、机器人等。现今的中国企业不依赖于以往的技术成熟，同时现有体制对它们的发展也非常有利，因此，可以摆脱常识的束缚，大力发展，以期超过欧美等发达国家。

中国在商业模式的创新上表现优异。网络游戏和手游、共享汽车和共享单车、共享办公、外卖上门等许多主要的国际商业模式正在快速增长。正是有了这种创新、巨大的用户市场和后来居上的优势，中国造就了世界上最多的独角兽企业，它们市值的增长速度，比欧美等发达国家快了很多倍。

金融危机、产业危机、债务危机等危机是"机会"的另一个来源。私募股权基金总是能在激荡中找到时机来进行投资、重组和企业再造。在这种投资中,投资者更重要的是抓住机会,低进高出。

一个好的私募股权投资应该基于整体格局分析,从行业到公司的选择,这不是简单的项目研究。一项投资的最终成功取决于投资后对形势的初步评估和演变。而一项投资的成功与否也具有不稳定性,因为变量太多,无法准确预测。因此,任何投资人都不能保证所有的投资决策和时机控制都是准确的,只能从整体的方向和趋势来把握评估创业者和其团队的潜力及其计划的可行性。

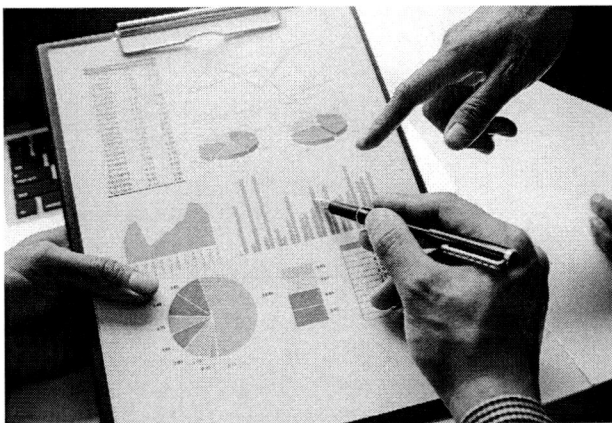

专家团队提供的尽职调查报告能检验投资者高级管理层的初步判断是否准确。这可能有两种后果。首先,专家组的研究结论可能进一步支持了投资者高级管理层的判断,并有详细、具体的证据支持。另一个结果则是,专家组的调查结果与投资方高层的结论不符。专家组的研究结论大多基于投资可行性的研究,报告结论的不同对于投资具有重大意义,应引起投资者的关注,同时决定是否重新考虑其股权投资。

投资者的高级管理人员应认真听取其专业领域专家所给的投资建

议。投资者应根据自己的判断，同时又能充分考虑专家的合理意见，仔细研究高级管理层的判断与专业部门的判断之间的差异，选择最适合和可行的计划。投资最终结果的责任承担者是股权投资的高级管理人员，因此，他们对投资对象进行深入评估和谨慎决策非常必要。为了进行可行性分析并评估投资价值，投资者需要分析目标公司的企业增长能力、盈利能力和营运能力，把握时机，大胆决策。

一个好的投资项目通常是众多投资者竞相争投的目标，投资者选择到合适的投资目标相当于把握住了机会。如果投资者犹豫不决，可能被竞争对手领先，随着时间的推移，之前的估值成本变成了沉没成本，最终错失高速发展的机会。

大家都希望在投资途中能赚很多钱，更希望每分钟投资增加一倍。我认为，这是许多投资者普遍都存在的问题。巴菲特曾经说过，投资需要理性，对投资的热情毫无用处，甚至会适得其反。

中国的私募股权投资在近 20 年内有所增长，但许多从业者并未经历完整的投资周期和经济衰退期。一个好的私募股权投资人应该在经济泡沫越吹越大时保持冷静，经得住顶峰时的辉煌，耐得住低谷时的颓势。

6.4　看懂事：怎么看懂商业逻辑

"不知宏观者无以谋微观，不知未来者无以谋当下。"每一件事情，背后都有商业逻辑。

6.4.1　商业逻辑的定义

商业逻辑是企业运行并实现商业目标的内在规律，是综合运用智慧思考和分析问题的方法。商业逻辑是企业家的思维，是不可见的，是复杂多样的商业现象背后的本质性规律，是能够帮助人们避免一叶障目，抓住本质和关键的普适性规律。这是一种能够在更高格局下进行谋局的关键支撑。

商业逻辑的理论体系主要有：产品论、价值论、控制论、平台论、结构论、生态圈论。不同的商业逻辑指导不同的企业，在不同的层次和纬度实现企业的生存和发展。

商业模式与商业逻辑是棋谱与棋理之间的关系，一个浮于外，一个藏于内。商业模式只有以商业逻辑为支撑，才能够在更高维度和更高格局上谋局，才能够以最有效的方法获取行业的议价权和控制力。没有商业逻辑支撑的商业模式，是盲目且具有很大风险的。

同时,商业模式基于商业逻辑,根据企业具体的内外部情况,会有千变万化的表象,但是万变不离其宗,商业模式的核心还是商业逻辑。不理解商业逻辑而简单模仿的商业模式,无异于东施效颦、邯郸学步。没有商业逻辑做支持,也很难看清楚商业模式的本质,难以清晰对方布局的关键和核心。

绘制企业的产业地图,进行产业分析,结合四轴分析方法,运用商业逻辑作用于产业地图,抓住关键控制点,多维度搭建交易结构,即为企业的商业模式。

6.4.2　财务报表与商业逻辑的关系

财务报告分析最核心的东西,就是通过财务报告,由果推因,找出结果的根源。

会计学是商业活动的语言。会计是企业的语言,它是企业的根本。我们所说的"语言",是可以用来沟通的。举个例子,我是一个中国人,我会说英语,到了美国,我可以用英语与美国人交流。如果我和他是同一个国家的人,我和他可以有不同的背景,不同的信仰,不同的教育等,如果我们合用一种语言,我们就可以交流。

类似的,一个中国会计师通过查看财务报表,也可以了解美国公司的业绩,这真是一件不可思议的事情。为何那些公司可以在不同的国家学习? 正是由于会计、会计人员所说的美国利润额数字,跟中国几乎是相同的。

这样,会计就成了企业界沟通与交流的语言。

财务报表与商业逻辑究竟有什么关系?

在公司成立之后,它的资金来源要么是"投资者的投资",要么是向"债权人"借的钱。投入和借入的资金构成公司的"资产"。

但是,资产是一种需要投资的资源,它的投资与公司的总体战略有关。

不难理解，一个公司的盈利，实际上有两种方式：一种是独立经营，即购买一批存货，建造一批厂房，设计一些专利，然后独立经营；另一种方法是将资金投资于股票市场，简单地说，就是不单独经营，而是将所获资金投资于其他公司，或用于购买股票。就收益而言，公司的资产可分为两类：一类是"经营性资产"，另一类是"投资性资产"。

举例来说，我现在要成立一家公司，我自己投资了 100 万元，然后我有 100 万元的股东权益。同时，为了扩大我的资产规模，我把 100 万股份/股权拿去抵押给银行，也许还可以从银行再借 30 万元，而从银行借的钱实际上是我的债务。因此，股东权益和负债就是公司的资产。这家公司的资产实际上是公司可以利用的资源。

在上述例子中，公司的资源是 130 万元。但是这 130 万元有两个来源，一个是投资者的投入，另一个是银行借来的 30 万元。

企业有了资产之后该怎么办？有两种选择。

第一，可以把资源分成较大的部分，实行自主经营，这样资产就可以交给企业经营。

第二，将所有这些资产都用于投资。将 130 万元分成 10 小块，13 万元一小块，用于投资一些初创企业。想象一下，一个成功的创业公司，也可以赚钱，也可以将其转化为投资资产。

一家公司如果拥有运营资产，就会出现经营活动。这种经营活动首先要给它带来收益。公司为了产生这些收入，还必然产生相应的"费用与成本"。

收入和费用之间的差异，也就是公司经营所获得的利润。我把这种差异称为核心利润，"投资型资产"能够带来"投资收益"。

一家企业从经营中获得的核心利润，从投资中获得的投资收益，加起来就是企业的营业利润。企业盈利之后，就需要分红或者偿还债务。一般企业的财务报表没有"核心利润"，因为经营性资产按照原来的财务准则,对应着相应的经营利润。

由于在企业当前的财务报表中,营业利润除了经营性资产产生的利润之外,还包括投资收益,所以新造了一个新词,叫"核心利润",它专门对应经营性资产产生的利润。

公司是以现金形式获取资源的,因此会产生"筹资现金收入"。企业的资产都是要对外投资的,都是自己经营的资产,可以投资于特定的固定资产,也可以投资于其他企业,比如,投资资产,所以会出现"投资现金支出"。

营运资产带来收益,如果营运资产能够获得现金,则形成"经营现金收入"。企业为了达到这种效益,必然会产生一定的费用和成本,如果这些费用和成本需要用现金支付,就会产生"经营现金支出"。

运营资产的净流出和净流入之差,即"经营现金流入"。而投资资产能够形成投资收益,如果收益以现金形式体现,则称为"投资现金流入"。

通常情况下,企业的经营活动现金净流量>财务费用+本期折旧+待摊费用摊销+无形资产递延资产摊销。如果这个结果是负数,则意味着公司处于亏损状态,经营活动的现金收入不足以填补支出。而现金流量表的经营活动产生的现金净流量为负数时,表明公司商业信用不高;当经营活动现金净流量为负数时,则投资活动现金净流量也为负数;筹资活动现金净流量为正数时,表明该公司处于其产品初创阶段。在这个阶段企业需要投入大量资金,提高产能,开拓市场。

当经营活动现金净流量为负数,投资活动现金净流量为正数,筹资活动现金净流量为负数时,说明公司处于衰退期。这一时期的特点是市场萎缩,商品销售份额下降,经营活动现金收入小于支出,因此,公司不得不大规模撤回投资,以填补现金短缺。

经营活动产生的现金净流量为负数时,影响因素有两点,一是正常经营、投融资无重大波动。公司依靠初期的现金余额来维持财务活动，也就是说，销售、投资和融资产生的现金流量都是负数。因此，投资者需要详细分析被投资方的现金流入和流出的具体细节。二是净现金流量总量呈负增长趋势。现金流量的内部结构表现出与上述生命周期相同的起伏规律，则可以比较和预测被投资方的风险程度。

6.4.3　会计信息与财务报表

财务报表，它实际上是根据会计信息制作的。财务信息是为信息使用者提供有用信息的系统。

1. 会计信息

会计信息一般由三部分构成。第一，资产负债表，它有一个最重要的等式：资产＝负债＋所有者权益，这是两个需要记住的等式之一；第二，利润表，它也有一个等式：收入－费用＝利润，两者都是资产负债表和收益表的构成部分；第三，现金流量表，包括经营活动、投资活动和融资活动的现金流量。

2. 会计学和财务学

会计学和财务学有什么不同？

对于"会计"和"财务"这两个词，许多人产生了误解。

很多人认为，会计就是财务。

会计和财务在理论上是不一样的，因为两者的工作职责完全不同。

会计专业的首要任务是核算、计算、报告，会计术语包括确认、计量和报告。

会计要先记账，记账确认。若公司经营的是经济业务，则会计要先确认该业务是否应记入会计报表。如果应记账，则考虑记多少。会计首先，确认该经济事项是否可记入会计信息；其次，确认所确认的金额及对应的科目。然后，会计要进行计算，计算实际上是一个测量。举例来说,现在公司购置固定资产 500 万元,设备 500 万元,没有剩余价值,可以用 5 年摊销,按照平均年限进行法摊销,可以算出,每年的摊销额是 100 万元,这就是计量的概念。

最后,进行报账。报账是提交财务报告,最终能够编制和编写财务报表。

财务的职责也是不同的。财务的责任有三:一是融资。财务可从市场或债权人获得现金支持。二是投资。资源有了之后,财务应该考虑如何分配这些资源,应该考虑投资什么项目。三是投资分配。投资完成后可能有收入,而运营也可能有收入,财务应该知道这些收入是如何分配的。这些都是财务工作。

3. 财务报表内容

一般而言,财务报表包括哪些内容? 一家公司的会计信息包括三种财务报表,它们分别是什么? 哪个报表更重要? 接下来将为你解答这些问题。

首先,利润表实际上反映了一家公司的盈利能力,因为它基于利润。一般来说,利润比资产更能表现出一个企业的经营能力。因为能力不足的企业往往更在意利润,希望通过更多的利润来弥补不足。因此,企业的利润表反映了企业的盈利能力。

其次,企业现金流量表实际上是企业活力的体现。拥有良好的现金流是一个公司保持活力的基础,让它可以"随心所欲"。就像上文所说,如果公司确实有利润,但是没有现金流,那么它就不能真正地做事情,也就是无法处理大量的应付账款。比如,"我能通过供应链金融获得利润",但是,供应链金融的成本非常高。

最后,资产负债表。一个公司的资产负债表就是其实力。

举例来说,目前有两家公司,A 公司拥有 100 万元资产,同时还拥有 100 万元利润;B 公司拥有 1 亿元资产,同时还拥有 100 万元利润。

因此,当对两家公司进行评估时,会发现 A 公司看起来更赚钱,但它的实力不如 B 公司,B 公司有一亿元资产。常说"公司很强大啊",到底是什么意思,其实就是这个公司拥有多少资产。

谁是这三份报告的主角?看看他们的历史吧。这种资产负债表已有将近 500 年的历史,它从意大利 Lukapacholi 开始。大约 1920 年以后,美国和一些欧洲国家才要求披露利润表。现金流量表开始出现在 1987 年。

自古以来,资产负债表比现金流量表和利润表更重要,因为以前没有利润表,没有现金流量表,大家都能算出来,但是没有资产负债表好像总觉得缺少什么。这就是一个角度。

另外,一种观点认为,利润表实际上是反映资产负债表中的一个科目,即未分配利润的变动;现金流量表实际上也只是反映资产负债表中的一个科目,即现金的变动。资产负债表是这三个报表的核心,因此,在分析财务报表时,应从资产负债表入手。

6.4.4　哪一类资产负债表最重要

在财务报表里面,是有很多科目的。比如,一个公司有很多资产,也有很多负债和所有者权益,我们不太可能把资产项目、负债项目和所有者权益一笔勾销。为了理解最重要的问题,需要了解,资产负债表中最重要的项目是什么?

1. 资产

就资产而言,一家公司一般包含四类资产:一是现金;二是应收账款和应收票据;三是存货;四是其他应收款。这些都是公司的流动资产。在公司资产中,股权投资、固定资产、无形资产是公司的非流动资产。一家公司的流动资产和非流动资产按其性质划分的原则,是指一年内是否被消耗。假设该资产被认为能在一年内被消耗,就把它看作是流动资产；如果该资产在一年以上的时间内被消耗，这就是非流动资产，或者是长期资产。

公司负债项目根据负债项目的不同，可分为短期借款、应付账款和应付票据三大类。

第一，对于股东权益，要弄清楚股东的投入，主要是股本和资本公积两个科目，还有利润的沉淀。根据中国会计准则，未分配利润和盈余公积这两个科目都反映了利润的沉淀情况。我在讨论所有者权益时，会对这一问题进行详细讨论。

这是一个重要的问题，资产负债表总共大概有 11 项。

货币、应收账款/票据、存货、短期借款和应付账款/票据都很重要，因为它们代表了一家公司的活力。"活力"是指企业通过应收账款在没有其他资产的情况下生存。企业能够出售库存，就有收入，能够收回应收账款，能够收回货币就有收入。在负债方面，可以看该公司在短期内是否有能力借钱，是否有能力偿还其上游供应商的债务，即应付账款和应付票据。

第二，固定资产和无形资产。这两项反映了企业的潜力，潜力即生产能力。虽然这家公司的产品很好，但是活力反映出公司的产品问题。产品质量好、销路好，可以轻易地收回货款；如果生产能力不能满足需求，则无法长久保持利润。最著名的例子就是锤子手机。锤子手机的产品还不错，但由于其产品产能不足，一下子影响了整个品牌。

第三，对公司的投资。投资状况是否良好，主要取决于公司股权投资及其他应收款的变化情况。

第四，关于动态性。其中，第一部分为长期借款，也就是银行对企业的长期借款；第二部分为股东投资。实际上，很多公司可能没有运营风险、财务风险，但是治理风险是存在的。这类公司有很多。股票与债券的关系处理不好，不是公司没有好的产品，而是公司股东之间的不和谐,可能导致公司整体财务状况恶化。

董事长的首要职责是协调股东之间的关系,这是一个激励机制的问题。公司要通过何种途径融资,如何定价,这些都是董事长要考虑的问题。

关于公司的潜力问题,是总经理应该考虑的。公司现在可能有好的产品,但作为总经理,更关心的是明年有没有好的产品,后年有没有好的产品,三年以后有没有好的产品,即公司生产能力的长期问题。

公司的营运主管必须注意公司的这部分。对他来说,要一直盯着公司的产品,以及是否借了短期贷款就能维持公司的运作,公司对其供应商是否有欠款,是否有应收账款,是否有回款。这些都是运营总监每天都要关注的问题。

投资总监最需要注意的是投资这部分。

在现实中,一张资产负债表的几个小的科目,就可以看出一个公司的战略规划。一个好的公司其实每一个部分看起来都更和谐。

基于资产的功能和负债的分类,对资产负债表也有不同的看法。在这种分类中,流动资产、非流动资产、流动负债、非流动负债等不再进行分类,而将其分为经营性资产、投资性资产等。

如果一个公司宣称其独立运营,那么,它的运营资产必然大于投资资产。它的经营资产中一定有一部分是五大经营资产,而且数额不小。第一,货币资金;第二,商业债权,其中应收账款,应收票据占主导地位;第三,存货;第四,固定资产;第五,无形资产。所有自主经营的企业,都必须拥有这五种经营资产。

在投资资产方面,主要是长期股权投资,其他应收款,以及一些预付账款。所谓预付款,就是一些母公司先打给子公司,让子公司先使用。这其实也是一种债务投资行为。

其次,从负债的角度来看,负债是一种信用。信用分为银行信用和商业信用两大类。信用业务主要有银行短期贷款和长期贷款两种。

为了得到银行的贷款,我们经常说要看企业的"三品"怎么样。银行,第一,看公司的"人品"是否良好:看总经理是否可靠,董事长是否可靠,看团队是否可靠,公司成员是否有不良记录。这些都是为了检验一个公司的"人品"。第二,银行要看公司的产品质量好坏,毛利率高低。第三,现在的银行,会问公司是否有抵押。它一定会看是否在其他地方做过抵押。

实际上,企业声誉非常重要,它是企业上下游竞争力的体现。例如,公司采用应付票据、应付账款、预收账款等方法。简单地说,如果公司拖欠上游供应商的钱,而下游客户又没有能力偿还,这就意味着公司在上下游关系上非常具有竞争力,具有很大的话语权。这说明该公司是一家较好的公司,产品有很强的竞争力。

6.4.5　《资产负债表》《利润表》《现金流量表》的关系

一个公司有三种财务报表,资产负债表、利润表和现金流量表有什么关系呢?

首先,看到的主题是"所有者权益"。所有者权益是指所有者投入公司的财产,所有者的财产可以煽动公司的"资产"。举个例子,如果我的股东投资 100 万元,我向银行借 100 万元,那就意味着如果我投资 100 万元,就可以撼动 200 万元资产。因为我自己投资了 100 万元,向银行借了 100 万元,总共投资了 200 万元。投资者只有投资,才能煽动资源,这种"煽动"其实就是财务杠杆。财务杠杆＝资产/所有者权益。财务杠杆越大,杠杆效果越好。

拥有一定的资产或者资源,能否进入市场是一个很大的问题。很多国企资源很多,但是市场不行,就是不能打开市场。公司的产品有了市场和收入,能否获得利润和收益也是一个非常重要的问题。

从"所有者权益"到"利润",是一个用"所有者权益"来煽动"资产"

和"收益",进而获得"利润"的循环过程。但对于股东来说,最重要的是考虑我投资一百万赚了多少。也就是说,投资者最关心的是股东权益回报率,也称为净资产收益率。公式是:股东权益回报率＝利润/所有者权益。折算一系列指标后,税息折旧及摊销前利润(EBITDA)＝利润/周转率/财务杠杆。这个方法很有名,做财务分析的都知道这个方法叫杜邦分析。

从财务报表的角度,如何直接入手? 可以先从资产负债表入手,再分析利润表和现金流量表,从而了解企业的经营逻辑。

某联网络于 2001 年创立于厦门市的小公寓。今天,他的总部离瑞幸咖啡只有 7 公里,中间隔着一座水库。

和许多创业公司一样,某联网络在起步阶段,举步维艰,真正起步时要依靠一个经销商投资 100 万元,才能完成。经过 16 年的发展,某联最终上市。股票价格最高时,市值一度接近 700 亿元。

经销商最初的一百万投资,现在是一百亿以上市值的股票,收益超过一万倍。它源自某联完成的一项壮举:仅仅 3 年内,股票价格就翻了近 10 倍。

与此同时,人们对于它的质疑从未停止过。不管是金融高手,还是投行专家,谁也看不出它有什么漏洞。

2020 年 4 月 18 日,某联网络这家 A 股巨头终于收到来自监管层的问询函,要求某联网络的管理层对多达 20 个问询进行回答,其中涉及前十大经销商、财务状况、消费模式等关键问题。由此,某联网络是否造假的问题再次被摆上台面。

尽管某联网络有没有欺诈的问题,我们还不知道,需要权威机构来验证,但是从商业角度来分析,某联存在三个"矛盾"。

矛盾一:"毛利"高于行业整体

生产型企业想要高增长,难度很大,一方面是产品销售问题,另一方面是生产问题。对销售好产品的企业来说,最根本的矛盾在于顾客需求的增长和生产率的相对落后。

某联网络公司主要产品为 USB 电话、SIP 电话以及视频会议系统和终端,是一家以硬件销售为主的公司。这就是说,某联网络也应该面临"不断增长的客户需求和相对落后的生产效率"的矛盾,但实际上并非如此。

近 6 年来,某联网络的营收规模一直高速增长,从 2014 年的 4.88 亿元增长到 24.89 亿元,年均复合增长率超过了 38%,而且从未出现过放缓的迹象。而在同一时期,全球 SIP 市场的复合增长率只有 15.6%,某联网络的增长速度是整个行业的两倍。

收入规模不断扩大的同时,某联网络的毛利率也有所上升。2014 年至 2019 年,某联的毛利率从 55.3% 一度升至 66%。它的收入和毛利是同步增长的,最终显示在业绩报告中的收益数据看起来很好。

但某联网络的主营业务毛利率明显高于同行业公司。

就拿近期某联网络公司重点研发的 VCS HD VCD 系统 74.35% 的毛利率来说,会畅通信并购标的——深圳市明日实业股份有限公司 HD VCD 综合终端产品的毛利率只有 46.47%,而华平股份的 HD VCD 业务在 2019 年的毛利率只有 55.06%。它们和某联网络的差距非常明显。

某联网络 SIP 电话业务收入占最大份额,某联网络的毛利率在 64% 左右。而 POLYCOM(宝利通)曾经是业界的领头羊,毛利率只有 56% 左右,而技术较先进的 POLYCOM 毛利率却比某联网络低近 10 个百分点,不同寻常。

这种行为非常反常,大到足以吸引逐利的资本进入,就像曾经热销的手机行业那样。但是事实上,SIP 电话行业是一个几乎被巨头抛弃的业务,某联网络异常的毛利率存在着"矛盾"。

矛盾二：理财型制造业公司

公司为什么要上市？根本原因是中小企业融资困难。企业在完成上市后，不但能通过 IPO 筹集到大笔资金，同时还能通过增发、发债等多种融资渠道融资，即使去银行贷款，也能获得较高的信用。

据某联网络招股书显示，该公司上市融资的目标是在通信终端生产基地投产、高清会议系统研发、云计算中心建设以及云通信运营平台等方面实现突破，共募集资金 15.9 亿元。

某联网络几乎是用资金来理财。2019 年 8 月 14 日和 2020 年 4 月 14 日，某联网络分别将 0.89 亿元用于通信终端生产基地项目，1.61 亿元用于云计算中心建设项目。这些项目都是为了补充公司的流动资金，甚至云计算中心的建设投入的资金也只有原来计划的 43%。

某联网络 2019 年的财报显示，该公司不仅不需要投资，而且在其账面上还有大量现金。某联网络没有充分利用这些闲置资金做其他安排，而是购买了多达 35 亿元的银行理财产品。

截至 2019 年 12 月 31 日，某联网络净资产为 43.96 亿元，其中购买理财产品的金额高达 35.85 亿元，也就是说，实际用于经营主要业务的净资产只有 8.11 亿元。某联网络经营净资产 8.11 亿元，收获 10.95 亿元利润，净资产收益率高达 135%，让人惊心动魄。

若某联网络业绩属实，那么这就是一家现金牛，不但不吃草，而且在不断地吐金。这些都违背了大多数企业上市融资的初衷。

矛盾三：海外话语权

如果一个企业想要获得超额利润，就必须在整个生态系统中获得话语权，但是某联没有。

2019 年财报中，某联网络收入的 42.4% 来自美国占主导地位的美洲地区；37.8% 来自欧洲地区，其中欧美地区占 80.2%。因此，某联网络是一家高度依赖欧美市场的企业。

据悉,某联网络海外业务是以经销商模式开展的。

至于海外经销商这样的渠道,实际上厂商并没有很强的话语权。某联网络对海外经销商的依赖性很大。与此同时,许多某联的海外经销商,还经营着 Polycom 这样的竞争者的产品,这意味着某联的生态并不强大。

目前市场上,像 Polycom 这样的产品的零售价都在 100 美元以上,而某联的产品售价只有人民币 400~500 元,从价格上看,某联网络的竞争手段,就是主打低价的性价比。

以性价比为核心的任何一家公司,都会把希望寄托在销售的"量"上。这就是说,某联很难从海外经销商那里赚到便宜,近 66% 的毛利率远高于同业平均水平,其中存在着矛盾。

另外,某联网络北美经销商也在 2016 年进行了调整,从原来的 20 家减少到 15 家,削减了 1/4。分销商的调整必然会带来市场的动荡,如果一直表现良好,也没有必要调整。但 2017 年某联网络北美营收不但没有下降,反而猛增了 53%,从 3.5 亿元增至 5.36 亿元,除了中国大陆地区,增长速度仍然不符合常理。

虽然某联网络存在三大"矛盾",但它是否存在造假,还需要有权威机构的鉴定。

现在,只有苹果公司才能在全球范围内打破这三个商业矛盾。不但比整个行业高出了一大截,而且拥有大量的现金,海外经销商也有很强的话语权。截至 2022 年 1 月,苹果拥有 2 672 亿美元现金储备,比许多国家外汇储备还要多。

6.5　看风口：怎么选准赛道

由于天使投资的行业分化，很多投资人在各个领域都有自己的资源。因此，投资人拥有不同优势，选择的行业或项目也不尽相同，可以让自己的商业资源优势最大化，从而降低投资风险。

6.5.1　投资的阶段性进程

投资，投什么呢？

投资可以分为四个阶段：

早期（天使轮、Pre－A 轮、A 轮）；

中期（B、C 轮）；

后期（Pre－IPO）；

二级市场（上市后）。

企业上市后，即进入二级市场，也称之为投资。某能系花几百亿元在二级市场收购万科的股权，频频举牌万科。万科的价格被低估，从一开始的 120 元一股，到后来的 10 元一股。由于万科股权过于分散，某能花费巨大的资金，在二级市场大范围购买万科的股权，最终达到持有 55％以上的股权，成为万科的最大股东。

而对于未来的中国而言，早期阶段是一个金矿。后期阶段聚集的都是中信资本、高瓴资本、红杉资本等，投入资本较大，一般为 5 亿元，10 亿元以上，小投资人投资这一阶段只能"大赔小赚"。中期阶段，企业的估值不高不低，反而没有早期阶段企业那样有潜力。投资人对早期阶段企业的投资可用六个字形容："小投资，大回报"。

6.5.2　看准时势的投资才能成功

优步上市，投资方几家欢喜几家愁。

通过数据表可以看出，优步的早期投资方都获得了巨额的收益。其中，首轮资本，初始投资金额只有 50 万美元，后期回报高达 1 720 倍。而优步早期投资的最大回报最高达到 3 000 倍（接近 3 亿美元），而中后期的投资入场的反而巨亏近 30 亿元。如软银，后期投入 66 亿美元，优步上市敲钟后，亏损 10 亿美元；沙特公投基金，中后期投资 35 亿美元，亏损 5 亿美元。优步获得的最后一轮投资 170 亿美元，共亏损 26 亿美元。

现今，人们还未找到比资本游戏规则更高端的玩法。

在香港联交所上市后的 6 个月内，小米股价累计缩水 30%，成为 IPO 融资金额 30 亿美元以上的 IPO 交易中表现最差的一只股票。但是，小米公司最早一期 VC 第一笔 500 万美元的投资，回报高达 866 倍，是一笔高达 287 亿元的投资回报，即 500 万元变为 287 亿元，仅仅用了 8 年的时间。

简而言之，不要投资两三年前的雷军，而要投资 80 年代的雷军。

当我们从一个人身上看到未来有机会，我们要有拼了命地让他未来为我们打工的想法。这也是一种预测的能力。我们要把人看懂，实际上是一件非常难的事。

快手在香港联交所递交了招股说明书，上市市值超过 1.39 万亿港元。2012 年创业的快手,2013 年就基本完成了第一轮融资,彼时市值估值约 1 000 万元人民币。快手刚开始的时候,百废待兴,公司只有几个员工,几个工程师,同时做短视频的竞争对手也不在少数。许多投资人看不懂快手,快手也看不懂自己,因此估值只有 1 000 万元。直到一家投资机构——晨兴资本,投了 30 万美元给快手,折合人民币 200 万元,占了 20％的股权。如今快手上市,这 20％的股权也被稀释,还剩下 16.77％左右,8 年的时间,回报放大了超过 2 万倍。

股神巴菲特投资伯克希尔哈撒韦时,只有 2 美元/股,30 年的时间,回报放大了 16 万倍,接近 43 万美元/股。巴菲特一战封神。

投资不仅要看对人,更要看准时势。我相信,晨兴资本早已将时势研究明白了,也看对了这件事,他才会投入这 30 万美元。其实 30 万美元对于晨兴资本来说可能只是投资的一个小组,他可能将 300 万美元分成 10 份,投资给他看准的 10 个赛道。我预判,他可能选了 10 家从事短视频的企业,每家投入 30 万美元,而只要有一家被孵化成功,那么,他的投资就是成功的。这也算是为投资加了一层保险。

2012 年,中国的移动通信系统正由 3G 转到 4G,网络速度的提升加速了短视频的发展,抖音成为继快手之后第二大短视频平台,依赖于其精确的算法,有效地推送用户喜欢的视频内容,广受国内外用户的欢迎。近两年,网络将逐渐从 4G 过渡到 5G,短视频市场的战役还没有结束。因为一个市场的结束肯定是三足鼎立,除了抖音和快手,我们还能等待第三家的出现。电商市场也是遵循这一规律,淘宝、京东,以及到后来崛起的拼多多。现在的短视频市场,大家还有一个机会。

如孙正义,"早期"赚的钱,"后期"都是要还回去的。孙正义投资最成功的企业,非阿里巴巴莫属,投资 2 000 万美元,获得 1 500 亿美元的回报。

在 2017 年举行的软银股东大会上,孙正义称,软银在过去的 18 年投资中,获得了 1 750 亿美元的回报,平均每年增值 44%。这个数字超过了传统投资基金的回报水平。

2017 年的 5 月,全球单只最大私募基金愿景基金成立,基金规模达 1 000 亿美元。它的投资阶段由早期转入了中后期,通过重金投资使拥有 50%～80%市场份额的公司快速地实现全球增长。

一级市场投资者往往比二级市场投资者更有远见,而且由于提前规划,更容易与时间交朋友。天际资本创始合伙人张倩在参与节目时表示,虽然一级市场和二级市场的投资逻辑是相通的,但一级市场会更有远见,在选择赛道和创始人时会更有深度,更有独到的判断能力。

张倩曾任华夏基金香港私募股权总监,并于 2017 年年底主导成立天际资本,专注于投资智能时代的领先企业,迄今已完成对金山云、字节跳动、好大夫在线、美团点评、Spotify 等多个项目的投资,总投资逾 3 亿美元。

作为公募基金创新私募股权业务的领跑者,张倩在 2009 年加入华夏基金后开始了股权投资业务,主导投资了阿里巴巴、大众点评、美图、滴滴、药明康德等多家新经济龙头企业,并促成了展讯的私有化,投资总额超过 180 亿元人民币,且大部分已完成退出,单项目退出 IRR 超过 50%。

张倩认为,未来 ICT 和 ICT＋(信息及通信技术)产业的发展潜力很大。从 2019 年起,天际资本将开始研究国内供应链,包括消费电子,包括电动汽车的供应链,主要集中在基础软件和硬件芯片上,软件将占主导地位。如企业服务,Saas,包括云基础软件,操作系统,数据库等,这些产业在未来 10 年内在中国的天花板将很高,发展空间将很大。张倩认为,一级市场在规划赛道和关注创始人时,会比二级市场投资者更有深度。而面对与蔚来汽车一样的股价波动压力,她认为,坚持投资的关键在于团队知识、基本面、一线数据以及判断。这也是天际资本最终帮助蔚来汽车渡过难关的关键。

无论是一级市场，还是二级市场，投资的核心本质是相通的。核心就是看人、看事，具体来说，就是这个企业所创造的产品和服务能带来多少商业价值。企业在短期、中期和长期内，业务价值是可以平衡的，当然，更关键的是，团队如何才能更好地将这种产品和服务发挥更大价值。一级市场和二级市场之间的差别很小。

具体来说，一家公司的发展阶段不同，所需的投资也不一样。一级市场的投资是一个比较年轻的阶段，比如，天使阶段就像一个幼儿园，到了 VC 阶段就是小学，PE 已经进入了中学阶段，IPO 进入了大学。一旦一个公司进入二级市场，肯定会比一级市场更成熟，而投资人在进行评估时，衡量的工具和角度会更偏重于数据，更考验公司商业模式的成熟度、可持续性和未来业务发展的天花板。

在早期阶段，一级市场将更加重视个体。投资人对个体的判断越高，就越能看到事物的想象空间和未来。一家公司一旦进入 IPO，二级市场就会用更加严厉和全面的视角来评价它，因此，创始人往往不会出现这么多。但是一级市场就不一样了，一家投资机构可以经常约创始人，甚至聊到晚上，一起经历风风雨雨的机会要比二级市场多得多。

投资者对创始人或团队进行二级市场评估的信息较少，作判断标准的通常是基于公开信息。但一级市场由于投资者与创建人或团队沟通的机会较多，因此，整体投资会比二级市场更具前瞻性，同时更具深度，这对投资有很大帮助。

如今许多二级市场的投资者也会去做行业调研。许多公司都上市了，也有非常详细的财务报表和数据，其实用数据判断未来，也没什么问题。但是一级市场的投资者肯定会看得更深更、明白。天际资本专注于 ICT 和 ICT＋（信息和通信技术）。从 2019 年起，他们开始研究国内供应链，包括消费电子，包括电动汽车的供应链，主要是软件和硬件芯片，还有很多软件，如企业服务，包括云基础软件，操作系统，数据库等。这些行业在未来 10 年内的中国天花板很高，而且发展空间很大。

自 2018 年起，中美科技战的格局已初露端倪。目前，中国市场的硬件和软件基础设施仍有很大发展潜力，因此，他们从 2019 年起开始布局这一行业。他们投了近 18 家芯片和软件公司，同时这些公司都是赛道的领头羊。他们也在深化上下游供应链的延伸，投了许多手机供应链上国产手机的领头羊公司，以及电动汽车的上下游供应链，其中包括一些像蔚能这样的电池管理服务创新公司。

大体上讲，他们在 ICT 中的布局是统一的，是基于 ICT 的新一代信息技术来主导下一个产业。他们现在主要布局智能交通、医疗科技和在线教育，他们将把注意力放在这几条主要赛道中的领头羊公司上。

技术路线上的投资总是伴随着泡沫而起舞。如果没有泡沫，很多时候我们将会展望未来，我们将会发现一些非常具有破坏性的东西；如果没有泡沫，这将是一个缓慢的过程，随着泡沫的增长，将会有更多的资金，更多的优秀人才进入新的赛道，更多的创新产品和服务将会出现。10 年前，我们很难想象 3 年内会有百亿美元市值的公司诞生，但是现在已经发生了，并且这个速度正在加快。

回溯阿里巴巴的上一代，百度。它可能要十多年才能达到百亿市值，然后是千亿市值，但是这个周期正在缩短。他们看到大量的资金流入新能源汽车行业，造成整个板块，无论是上游，还是下游都非常火爆。

"热"永远不是问题，关键在于我们选择哪家公司。必须选择那些拥有巨大潜力的创始人，因为他们和团队可以抓住历史性机遇，把一家小公司转变为一家伟大的公司，使之持续快速发展，并在竞争中领先。

每一波热潮过后都是一地鸡毛，事实上，大多数公司可能已经破产。实际上，泡沫或高估值并不是最核心的问题，关键的问题是能否找到好的细分领域，否能找到最可靠的创始人。

6.5.3　投资者关注未来

投资者关注未来,他们的公司叫 FutureX,有两层含义:第一,他们总是关注未来 3～5 年科技发展趋势;第二,他们总是关注那些最具潜力的企业家。

他们在 2015 年就开始讨论新能源,那时中国的新能源汽车制造业才刚刚开始。他们只关注中后期的投资,因此他们看到新能源汽车的投资机会,直到 2017 年左右才出现。张倩亲自驾驶蔚来样车,当时还没有量产。

第一,他们非常看好新能源汽车这一新兴产业,并断定这样的产业可能会由私营部门主导。当时许多人质疑,新能源汽车是否真的是绿色环保。还有一些人认为,传统车企如果做能源汽车,互联网出身的人肯定做不下去。这是行业的一般看法。他们在 2015 年做完研究后,经过 2～3 年的观察发现,必须投新的公司,一定要投新的企业"老司机",这是对过去十多年投资经验的验证和历史规律的总结。因此,当时他们遇到蔚来汽车的李斌时,毫不犹豫地就投资了。

其实,李斌是个"老司机",他最初创立的易车,是互联网上最懂车的用户。因此,他自己就在车展上表达出对用户的认知度世界领先。而且他在这一圈中拥有非常丰厚的人际关系,无论是摩拜单车,还是蔚来,他们都已经看到他是"出行之父"。

他们投蔚来汽车虽然只有两年,但蔚来汽车的团队执行能力很强,李斌汇集了一大批各方面的顶尖人才,团队已经是比较完美的组合。张倩认识李斌也快十年了,她知道李斌是有大格局的人,无论是从赛道,还是团队上看,都是符合他们的认知的。再加上时间点,他们投蔚来的时候,车已经开始量产了,从 0 到 1 的风险已经大大降低了,因此,对他们来说是个很好的选择。

　　这件事其实当时压力很大,因为蔚来汽车是她离开华夏后的第一笔投资。很多人都说她是投资女神,每一笔投资都很成功,自己出来创业以后,看能不能延续原来的投资,投资判断是否还能维持。张倩觉得,到了今天,其实很多数据和信息已经证明,她和她的合作伙伴的发展是建立在华夏的基础上的。过去他们三年的成长速度肯定比华夏多年的成长速度快,所以这件事是经过行业验证的。

　　其实,如果回到当时,张倩个人的压力是非常大的,因为蔚来是2019年对冲基金卖空最多的公司之一。当时最困难的时候,他们看到许多媒体文章都有负面报道,但是这些消息都与事实不符。她了解这个创始团队很多年了,所以她对他们很有信心。当时他们还在持续关注公司的新产品,而研究团队也在密切跟踪用户的反馈,包括产品用户的口碑。因此,当时他们判断,公司的股价已经出现了超跌。

　　在那个时候,张倩深信自己掌握了业界最顶尖的认知,也深知当时蔚来最真实的处境,同时基于多年对团队的了解以及对赛道的了解,对自己和团队都非常有信心,因此无论股价如何下跌,他们都一直非常看好。

　　在蔚来汽车最艰难的时刻,天际资本不仅只是乐观,他们还非常积极地帮助李斌接触到各种资源,特别是当他处于融资周期时,他们还积极地推动许多潜在的融资目标。

　　他们总是感觉到新的势力给整个社会带来了革新的力量,像网络平台这样相对扁平的管理一定能够突围。

　　为何他们在蔚来股价1.2元的时候就看好蔚来,而很多人还在继续卖空?她觉得这些核心的决定点都是来自大家对信息的判断。她不知道对冲基金对蔚来研究的有多深,但张倩和李斌已经认识了十几年,在很多关键时刻,她对他很有信心。这点还是一级市场的优势。其实蔚来在2019年发可转债的时候,也有很多投资者相信他。因此,她觉得最后投资的关键在于能收集到哪些核心信息。

他们在投资时都是独立的决定。他们不会去看市场最火的是什么，也不会去看市场最看好的是什么。因为独立的决定往往会收获非常超额的收益。但他们的看法与市场并不一致。当然他们也有跟市场一致的时候，比如，投资时，他们仍然持有很长一段时间，这就是跟市场一致。

另外，她认为投资经验也很重要。她自己已经投资了 200 亿元，在一、二级市场上都经历了许多循环。当我们经历了许多循环，特别是看股价波动时，首先想到的是这家公司是否具有核心价值。

投资是一门遗憾的艺术，当股票上涨时，人们总是为提前离场而遗憾。但张倩觉得，要看未来，在此刻，这个公司是否还有更大的价值。

6.5.4　赛道的选择

不管是谁，投资这个行业，总是要面对一个问题——赛道的选择。正如运动员在选拔赛中，要找出适合自己的优势项目，避免出现马拉松选手进行百米赛跑的情况。回首历史，可以看到，几乎每个投资大师，都清楚自己是什么样的运动员，都知道自己在哪条赛道上奔跑，同时在属于自己的赛道上努力工作，坚持不懈，从不轻易更换赛道，终于在自己选择的赛道上取得了令人惊叹的成绩。选择赛道是个技术问题，但更像是一门艺术，更多的是需要很多放弃的。抛弃没有优势，抛弃不确定性，抛弃同质性。接下来，将从几个不同的角度来讨论赛道的选择。

希望获得更好的投资业绩，自然需要更宽广的视野和更长远的眼光。在这一点上，需要对不同的国家进行选择。在此期间，我们还需要考虑哪方面最有可能获胜。在过去的十多年里，异军突起的高瓴资本张磊是如何选择赛道的。首先，张磊将美国投资者带到腾讯，并不断地耕耘中国市场。

根据不完全统计，这些年，他投资的高科技企业有百度、京东、腾讯、美团，大型消费企业，如格力、美的、蓝月亮、江小白、水井坊，还有在大制药行业的爱尔眼科、泰格医药、药明康德等。张磊涉及的领域还是比较广的，深入分析后很容易就能理清，他投资自己的总体思路。

张磊曾经在和黑石集团苏世民对话时坦率地说，他认为最大的投资机会就在中国，就在现在，就是要把中国的股票买得更多。关注"重仓中国"这四个关键字，这就是他所选择的第一赛道——中国。这一点并不难理解，19 世纪英国发展得最好，20 世纪又变成了美国，而现在机会又轮到了中国。在最大的赛道上，张磊选择得无比正确，思路清晰。

在持续不断的大笔资金投入下，张磊也在不停地研究和投资中国企业，坚定地实践着自己"重仓中国"的理念。他认为，中国是目前世界范围内最容易实现"弯道超车"的冠军赛道。此外，张磊一直在大消费领域进行投资。从 2008 年到 2010 年，投资者可能都有这样的印象，在全球金融危机之后，外贸出口瞬间哑火，多年来依赖外贸快速发展的中国，受到了外围经济体低迷的巨大影响。

自那以后,中国就调整思路,多年来一直致力于扩大内需,转变经济发展方式,优化经济结构,并在不久就爆发出令人惊叹的国内消费能力,诞生了多达 3 亿的消费者,成为世界上最大的消费市场。很明显,张磊看到了这样一片消费的海洋,紧锣密鼓地布局着国内高品质消费企业,坚信中国未来会持续爆发更大的消费能力。

其次,在高瓴的一揽子投资中,医药板块也占据了不小比重,包括化学和生物制药。投资者应该对医药板块并不陌生,百年来的投资历史证明,医药板块和消费板块都是"牛股集中地",曾经产生了许多优秀企业。他们不只是市场明星,也是投资界少有的寿星。当中国进入大健康、老龄化时代之时,张磊配置医药板块可谓志在必得。

张磊的中国版式复盘,并非单纯地"抄作业",而是尝试从"作业"中体会自己对投资的认知。在赛道方面,高瓴在张磊的领导下,第一次赛道选择就打出了十环,顶住了众多国外投资者的反对压力,选择了宏观收益最高的中国。第二次赛道选择同样坚韧,在众人的质疑声中,选择了能够代表中国未来科技板块的腾讯。

三是张磊选择了一条稳定的赛道,选择了历史上最经得起考验的大消费大医药板块,从整体上完成了中国最好的赛道的选择,拥有了在各品质赛道中含金量最高、排名靠前的公司。由张磊的布局方式可以看出,他的决策体现了自上而下的特点,有着非常完整的体系和方法论。

中国的发展还处在并将长期处于重要的战略机遇期,历史变迁需要关键的节点。在百年未有之大变局的重大机遇期,任何事情都不能阻挡中国的发展,更不能改变国家的命运,中国资本市场已经迎来了千载难逢的机遇。中国资本市场当前的布局就是要投资国运,忍耐寂寞,才能赢得一世繁华。或许,时间会给我们一个很好的答案。

在股市中,选择行业/赛道是第一位的,选择股票首先不在于股票本身,而在于股票所处的行业/赛道,投资基金也是如此。

若在未来半年至一年内投资基本面持续向上、赛道越来越宽、暂时看不见天花板的行业,中线投资收益肯定是好的。

假如未来5~10年投资行业基本面持续改善,赛道越来越宽,未来几年看不见天花板,长线投资收益肯定看好。

无论是做中线,还是长线,投资基本面一直在向上,赛道越来越宽,看不见天花板的行业才是首要目标。

基本面继续改善的基础是行业需求持续增长,产品价格提升,供不应求,行业持续保持高景气度,例如,中美贸易战爆发之初,国内芯片半导体行业。逻辑是:美国限制芯片出口(遥遥无期)——中国所需芯片的供应短缺——国内芯片厂商的大规模扩产以满足需求——而国内芯片行业则继续保持高景气度,龙头芯片公司业绩暴涨,进而股价大幅上涨。

道路越走越宽,离不开政策的支持。芯片半导体产业的各种扶持政策,国家向集成电路产业注入的大量资金,让半导体产业技术能持续快步追赶欧美。龙头企业更增强了盈利能力。

对证券业来说,单纯从市场的角度分析,没有从实际资本市场的战略定位分析来得准确。2020年4月7日,时任中国证监会主席肖钢表示,党中央从未如此重视资本市场。2010年8月16日,肖钢在接受《证券时报》采访时说,中央强调资本市场在金融运行中起着举足轻重的作用,具有重要性和紧迫性。在一定意义上说,中国从来没有过资本市场,现在资本市场的形成是经济创新驱动、产业转型升级和高质量发展的结果。

在这种大格局下,依靠"资本市场"对权益类资产(股票、基金、债券等)进行再配置,是大势所趋。而在短期内,资本市场由于受到各种因素,包括疫情、外贸大趋势的影响,发展速度放缓,但资本市场必然会大发展的。

中央经济工作会议曾提出"资本市场在金融运行中起着举足轻重的作用。"在一定意义上说,中国经济产业升级和高质量发展离不开资本市场,新一轮科技革命和产业革命离不开资本市场,中国经济增长模式的转型提升离不开资本市场,中国参与全球竞争也离不开资本市场。与此同时,中国资本市场将成为全球人民币资产配置的中心。

由证券业在中国经济中的需求来看,随着牛市的深入,新进入的机构和个人将会越来越多,抛开牛熊市不谈,长期来看,伴随着中华民族的伟大复兴,中国人一定会越来越富有,在大型资产再配置的需求下,将有更多的资金进入权益市场。投资权益市场的资金占总财富的比例将更高。

证券业基本面持续改善的需求来看,随着牛市的深入,新进入的投资者面临财富增长与配置权益资产比例增加的双重保障,再加上国内资本市场持续开放、吸引全球资本进入,作为第三层保障,券商未来业绩将持续稳定。

在政策层面上,中国经济转型需要一种融资方式的转变。创业板实际上就是资本市场存量加增量的改革,提高直接融资比例能有效解决中小企业融资问题;开放进一步引进国外先进的金融混业经营模式。未来券商行业创新业务会不断增加,如衍生产品、股票期权等。证券业的内增长,尚未包括行业并购等带来的一加一大于二的效应。

国家核心竞争力的重要组成部分之一是金融业,资本市场是金融体系的重要组成部分,而券商作为中国资本市场的核心载体,在不断完善和发展的同时,也要依靠其自身的改革,使其真正走上良性循环的轨道,成为资本市场改革和发展的重要引擎,必将更快地成为中国资本市场改革和发展的受益者。

券商在实际运作过程中,会涉及很多业务,证券公司的主要业务,在不断完善和发展的同时,将成为资本市场改革和发展重要的一部分。

券商经纪业务:牛市成交量继续放大,佣金收入大幅增长。

投资银行业务:注册制下的上市公司数量大幅增加,券商的收入也大幅增长,而且未来将有并购重组、增发等业务。

自谋职业:牛市中,券商自营盘赚得更是盆满钵满。

融资融券业务:牛市中,融资融券大幅增加,给券商带来巨额利息及经济收入。

资管业务:券商利用客户资金设立资管产品,不仅可以赚取佣金,还可以进行投资分成,同样可以获利。

并购重组:中国要在全球范围内参与竞争,金融,特别是券商并购重组是必然趋势,否则就无法与国际投行竞争。

证券业和保险业的股票不同,保险业的股票确定性更高,但弹性更小。经纪公司的股票与科技公司的股票不同,科技公司的股票确定性小,但弹性大。经纪商既有保险银行股的确定性,也有科技股的弹性。

证券业是中国股市的代表、资本市场改革的前沿参与者。中国黄金十年的开启、股市的良好发展,最有确定性收益的是证券业,最有确定性增长,甚至暴涨的也是证券业。以历史的观点来看,无论是2007年的超级牛市,还是2015年上半年的股市狂飙,整个券商行业都在"狂飙"之中。

证券业基本面确实是持续走强的,支持券商做大做强,打造世界级投行,在资本市场上发挥更好的作用,有利于证券行业高质量发展。就长期配置而言,行业向好的趋势没有改变,那些得益于改革红利,业务全面发展、风控能力较强的券商,具有很高的投资价值。

未来十年是资本市场的时代,也是股权投资的时代,是企业融资上市的时代。在这个时代,企业成长并不难,难在思维的转变以及知行合一的行动力。亲身实践,拥抱未来的十年,成就自己。

后记

在经济发展日新月异的今天，为了可持续发展，我国不断调整战略，以适应新时代的发展。随着资本不断涌入市场，新的机遇也随之诞生。在这一发展趋势下，企业家又该何去何从呢？

2020年，受新冠肺炎疫情的影响，部分根基不深的小企业退出市场，有的实体企业开始转型。大部分企业陷入了发展的瓶颈。未来十年是资本发展的十年，"资本"是核心，而由此诞生的一个新的名词"企投家"，将引领未来的发展趋势。企业家只有利用好"资本"这把黄金钥匙，才能开创企业的新局面。"企投家"是企业家与投资家的结合体，通过投资获得资本，从而反哺企业，这是新时代企业发展的有效良方。

资本的实质是现金流,而现金流对于企业来说,是血液一般的存在。只有资本源源不断地流动,企业才能长久生存。许多人一听"资本",就联想到外国的资本市场经济,其实这个想法有失偏颇。不同于国外资本市场经济,我国市场资本的注入只是一把助燃剂,在有效推动我国经济发展的同时,也能避免国外资本主义经济发展的弊端。

资本不是洪水猛兽,只有拥抱资本,理解市场游戏规则,才能在未来十年,甚至五十年,屹立于市场而不倒。这也是作为一名企业家所期望的。